Techniken des kreativen Holzschnitzens

Ian Norbury

Techniken des kreativen Holzschnitzens

Dugco und Haupt

Titel der englischen Originalausgabe

TECHNIQUES OF CREATIVE WOODCARVING

© 1984, Ian Norbury
Stobart & Son Ltd, London

Aus dem Englischen übersetzt von Roman Kohler

Exklusive Auslieferung an den Buchhandel
Verlag Paul Haupt Bern und Stuttgart
ISBN 3-258-03419-2
Alle Rechte vorbehalten
Copyright © 1984 für die deutschsprachige
Ausgabe Dugco AG, CH-5712 Beinwil am See
4. unveränderte Auflage 1991

Für Malcolm Winlow

ohne dessen begeistertes
Mitmachen dieses Buch nicht
möglich gewesen wäre.

Ich möchte mich bedanken bei Ken und Pat Ilott für ihre hilfreiche fotografische Sachkenntnis; bei Tony Walker von der Bahco-Record und Mr. D.L. Jenner von Massey Wykham für die Werkzeug-Zeichnungen; bei Mr. D.C.C. Wilson, Miss J.A. Craft, Mr. und Mrs. P.K. Collier, Mr. und Mrs. A. Mitchell für die Erlaubnis, ihre Skulpturen abzubilden. Speziellen Dank schulde ich auch meiner Frau Betty für die vielen Stunden des Maschinenschreibens und Organisierens.

Der Autor

Besondern Dank gebührt auch Fam. Bachofner in der Schweiz, ohne deren Initiative die deutsche Ausgabe nicht entstanden wäre.

Der Herausgeber

Inhaltsverzeichnis

Seite

1. Einführung ins Holzschnitzen 9
2. Hölzer 14
3. Ausstattung 21
4. Schärfen 31
5. Polieren und Aufstellen 35

Projekt-Teil

6. Torso 40
7. Stachelrochen 50
8. Kröte 56
9. Mädchenkopf 63
10. Ponykopf 72
11. Harlekin 81
12. Stilleben 90
13. Schwarzer Stier 97
14. Grönland-Geierfalke 107
15. Raupe 121
16. Pferd 132
17. Falstaff 142
    Bibliographie 154
    Index 155

1. Einführung ins Holzschnitzen

Die englische Öffentlichkeit der Nachkriegszeit wurde Zeuge der Senilität eines Patriarchen der Künste. Mit dem typischen Fehlen von Interesse, das wir den Alten entgegenbringen, schauen wir zu, wie das unglaublich alte Handwerk der Holzschnitzerei in der Bedeutungslosigkeit des Kopierens alter Meister versank. Wir wendeten uns ab, als einige der besten Vertreter für wenig Geld pathetischen Mist, Reproduktionen genannt, produzieren mussten, und wir sprachen von wirtschaftlicher Lebensfähigkeit, wenn Hilfeschreie zu hören waren. Mit monumentaler Heuchelei wurde der Niedergang betrauert, und Legenden wurden geboren, die von den Wundern der Vergangenheit erzählen.

Das alte Schnitzerhandwerk ist tot, auch wenn der Leichnam noch zuckt. Noch gibt es viele aktive Holzschnitzer in Grossbritannien, und einige von ihnen sind ausgezeichnete Techniker. Sie restaurieren Möbel, machen Kopien von Antiquitäten, schnitzen Denkmäler, arbeiten in Kirchen und so weiter, aber es gibt keinen zeitgenössischen Stil in der Holzschnitzerei. Der Grund liegt darin, dass sich die moderne Architektur und der Möbelbau für dekorative Holzschnitzerei nicht eignen. Aber gilt dies nicht auch für Schmiedeisenwerke und Glasmalereien, die erhalten blieben? Die Holzschnitzerei war vor dem Krieg verhältnismässig gesund und entsprach dem damaligen Geschmack, auch wenn wir sie heute geschmacklos finden. Die Tradition verlor sich im Zweiten Weltkrieg. Um Peter Morton aus «The Woodcarver's Companion» zu zitieren: «Wo das Atelier stand, ist nun eine Fabrik, und wo ein Stück hergestellt wurde, sind es heute deren tausend.» Das wurde in den fünfziger Jahren geschrieben, und die Situation hat sich seit damals eher verschlechtert. Die Holzschnitzerei nimmt nun eine ähnliche Stellung wie das Wagnergewerbe ein – sie besteht noch und es gibt keinen Grund, warum von Pferden gezogene Fahrzeuge nicht mehr gebraucht werden sollen. Aber sie werden es eben nicht.

Wie ist es also gegenwärtig um die Holzschnitzerei in Grossbritannien bestellt? Wenn wir das Nachbilden von Antiquitäten in all seinen Formen nicht zählen, was bleibt noch übrig? Ab und zu gibt es einen Erneuerer, einen Mann der Einsicht, ein Genie oder einen Verrückten, der die losen Enden neu verknüpft und zu einem eigenen, neuen Stil findet, der Nachfolger der alten Tradition sein könnte. Aber bis jetzt fand er sich nicht. Tatsächlich scheinen moderne Möbelbauer verzweifelt in Museumshallen nach verstaubten Vorgängern zu suchen, um von ihnen inspiriert zu werden, aber beim Grossteil der guten Werke von heute spricht man im allgemeinen besser von «Holzbildhauerei» statt «Holzschnitzerei».

Der moderne Möbelbauer, der in der eigenen Werkstatt arbeitet und eigene, individuelle Stücke herstellt, hat wenig gemeinsam mit dem Möbelbauer der Vergangenheit, der zusammen mit anderen Handwerkern nach Plänen eines Dritten arbeitete. Der handwerkliche Möbelbauer ist auch Künstler und Designer, etwas wofür sich sehr wenige Holzschnitzer der Vergangenheit rühmen konnten.

Die Formen, die in vielen zeitgenössischen Möbeln anzutreffen sind, ohne Zweifel eine Reaktion auf die maschinell hergestellten Produkte der letzten 30 Jahre, sind oft zu kompliziert oder zu ungleichförmig, als dass sie mit herkömmlichen Maschinen gemacht werden könnten, und da sie nach Definition einzigartig sind, kommen die ungeheuren Kosten für die Konstruktion entsprechender Maschinen nicht in Frage. Hinzu kommt die Tatsache, dass, wie Krenov es ausdrückt, die Bedeutung eines abgeschlossenen Werkes gewissermassen von den verwendeten Mitteln abhängt. Das heisst, dass ein handgemachter Gegenstand einem maschinell hergestellten vorgezogen wird, auch wenn er nicht gleich gut ist. Wieweit diese Ansicht aufrecht erhalten werden kann, ist unklar, und welche Werkzeuge annehmbar sind und welche nicht, überlassen wir am besten dem Gewissen des Handwerkers. Wie dem auch sei, Tatsache ist, dass beim Fehlen einer geeigneten Maschine der Handwerker auf Handwerkzeuge, wie Kantenhobel, Schabeisen, Raspel, Feile, Hobel, Breitbeil, Axt und speziell zu diesem Zweck hergestellte Schnitzwerkzeuge zurückgreift. Aber es wäre kaum gerechtfertigt, ihn deshalb als Holzschnitzer oder z.B. den Tisch als geschnitzt zu bezeichnen. Es geht hier nicht um Wortklauberei, sondern bloss darum, aufzuzeigen, dass ein weiter Unterschied besteht zwischen dem gelegentlichen Gebrauch von Schnitzerwerkzeugen bei der Herstellung eines Gegenstandes und dem Holzschnitzen, wie es traditionell verstanden wird.

Gleichermassen ist der Künstler, der eine dekorative Holztafel, eine Figur oder einen anderen Gegenstand gemacht hat, welche wir für gewöhnlich Skulptur nennen würden, aber als Holzschnitzerei bezeichnet wird, nicht der legitime Nachfolger des Mannes, der die Heiligenfiguren in gotischen Kathedralen oder die Karyatiden des viktorianisches Cheminéerahmens schnitzte. Er ist in erster Linie ein Bildhauer, der eine dreidimensionale Form aus hartem Material = dem Holz, herstellt. Im Falle von Holz benutzt er am besten die Werkzeuge des Holzschnitzers. Der Mann, der Bronzen macht, arbeitet mit Metall, er ist aber weder ein Metallarbeiter noch ein Bronzegiesser. Normalerweise arbeitet er mit Ton oder Wachs, aber er ist deshalb auch kein Modellierer, sondern ein Bildhauer. Der moderne Holzbildhauer mag neben den vielen Holzschnitzhohlmeisseln viele andere Werkzeuge benutzen, aber sein Endprodukt wird immer noch als Holzschnitzerei bezeichnet.

In diesem Buch sind «Holzschnitzerei», «Holzskulptur» und ähnliche Ausdrücke als Synonyme zu verstehen. Ich habe nicht die Absicht, die Tradition der englischen Holzschnitzerei auferstehen zu lassen, sondern zum Gebrauch von Holz als Medium zur Umsetzung einer Idee in ein gestaltbares, dreidimensionales Objekt zu ermutigen. Dazu ist Holz nämlich äusserst geeignet. Es gibt wohl nur wenige Orte auf dieser Welt, wo es nicht in irgendeiner Form und zu vernünftigen Preisen zu erhalten ist. In den meisten Ländern ist eine grosse Vielfalt von Holzarten erhältlich, obwohl die Grösse manchmal ein Problem sein kann. Der Artenreichtum geht vom kohlenschwarzen Ebenholz zur schneeweissen Stechpalme, vom butterweichen Balsaholz zum steinharten Guajakholz. Holz kann bemalt, gebeizt, gebrannt, sandgestrahlt, geschnitten, gekratzt, geschmirgelt, gebohrt, gedreht und geklebt werden; die Möglichkeiten sind unbeschränkt. Wenig andere Materialien bieten so viele Gebrauchsmöglichkeiten wie Holz. Es wurde mit gleichem Erfolg für Monumentalstatuen wie für winzige Schmuckstücke verwendet, und fast alles kann mit den verschiedensten Werkzeugen vom Steinsplitter bis zur Motorsäge erreicht werden.

Es wird gesagt, dass der Schöpferdrang in den meisten Menschen vorhanden sei, aber es scheint, dass in den einfachsten von ihnen dieser Drang nie gestillt wird. Die Gründe dafür sind natürlich sehr verschieden, aber es ist offenbar so, dass nur wenige fähig sind, ihren Schöpferdrang in bestimmte Bahnen zu leiten. Innerhalb der Minderheit, die sich für die Holzschnitzerei entschliesst, gibt es eine Mehrheit, die nicht weiss, was sie schnitzen will. Diejenigen, die wissen, was sie schnitzen wollen, können wiederum aufgeteilt werden in solche, die wissen und solche die nicht wissen, warum sie etwas Bestimmtes schnitzen wollen und was sie zu erreichen hoffen. Die Antwort auf diese Fragen findet man am besten durch das Schnitzen selbst. Fangen Sie an und schnitzen Sie etwas, irgendetwas, und allmählich werden die Ideen gegenständlich werden. Wie dem auch sei: Wer ernsthaft mit Schnitzen anfangen will, sollte sich bewusst sein, dass er da keine Kleinigkeit unternimmt. Es wird ihm viele Stunden harter Arbeit und eine bedeutende Summe Geld kosten. Beträchtliche Frustration und manchmal auch Verzweiflung werden nicht ausbleiben. Nehmen Sie es nicht auf die leichte Schulter wie einer, der ein bisschen mit Tennisspielen beginnt! Statten Sie sich gut aus, informieren Sie sich so eingehend wie möglich, gebrauchen Sie das beste Material, das Sie finden, um alles über ihr Sujet zu wissen, und stecken Sie Ihre gesamte Energie hinein. Der Anfang mag langsam und schwierig sein, aber Sie können die höchsten Stufen der Kunst erklimmen, wenn Sie genug von sich selbst investieren. Beneiden Sie die raffinierte Virtuosität des Berufsschnitzers nicht – er liess sich in einer harten Schule ausbilden, die ihm wenig Zeit liess für das Entwickeln eigener Ideen, und er wird wahrscheinlich nie mehr finden, was Sie haben – den Drang, Ihre Visionen in Holz umzusetzen.

Ohne viel Aufwand können Sie einen Gegenstand – z.B. einen Hund – schnitzen und Ihren Freunden zeigen und ihn Onkel Georg zu Weihnachten schenken. Jedermann wird Ihnen auf die Schultern klopfen und Ihnen sagen, was für ein geschickter Kerl Sie doch sind. Es wird sich herumsprechen, dass Sie ein bisschen schnitzen und einen hübschen Hund geschaffen haben. So können Sie mit sich zufrieden sein, Onkel Georg wird den Hund auf den Fernseher stellen und Tantchen wird ihn wöchentlich abstauben, bis jemand darüberstolpert oder der echte Hund ihn frisst. Aber Sie werden darüber nicht allzu traurig sein, weil Sie inzwischen eine Katze für die Grossmutter und ein Känguruh für Alf in Australien gemacht haben. Wenn Sie das fertigbringen, können Sie sich glücklich schätzen, denn im Hintergrund gibt es eine schweigende Mehrheit, die nie etwas zustande brachte, das sie befriedigt oder irgendjemand anderem besonders gefallen hat. Ich brauchte viele Jahre der Arbeit, um herauszufinden, was ich zu erreichen suchte, und Befriedigung und Erfüllung im teilweise Erreichten zu finden. Man ist geneigt, in den meisten Bemühungen auf ein begrenztes Ziel auszugehen – die wenigen Glücklichen, die den Weitblick haben, das Endziel zu sehen, werden für gewöhnlich zu den erfolgreichen Leuten der Welt gezählt.

Bevor Sie mit der Holzschnitzerei anfangen, Werkzeuge oder einen Holzblock kaufen, bevor Sie einen Meissel in die Hand nehmen, überlegen Sie sich, was Sie erreichen wollen. Mag sein, dass Sie auf weite Sicht hinaus keine Antwort haben, aber Sie sollten ein unmittelbares Ziel haben, selbst wenn es nur Entspannung durch den Gebrauch von Werkzeugen ist. Was auch immer die Antwort sei, halten Sie sie sich ständig vor Augen, und was immer Sie machen an Ihrem Stück, fragen Sie sich, was trägt es bei zur Erreichung Ihres Ziels. Viele Künstler und Bildhauer der Vergangenheit werden heute als sklavische Nachahmer der Natur bezeichnet. Nur ein sehr verblendeter Mensch würde versuchen, einen natürlichen Gegenstand in einem

Stück Holz zu imitieren. Jede Kunst ist Abstraktion – ein Wegnehmen. Die Aufgabe des Künstlers ist es, den Gegenstand so weit zu abstrahieren und zu verändern, wie er es für nötig hält. Das Ergebnis dieser Überlegungen ist seine Vision und, umgesetzt durch seine Technik, wird es zur Manifestation seiner Vision: sie ist sein Kunstwerk.

Es ist ein beständiges Problem, beim Versuch räumliche Gegenstände zu schnitzen, «hinter» die zweidimensionale Erscheinung zu kommen. Tatsache ist, dass die meisten Schnitzer Photographien als Vorlage benutzen, was in Ordnung ist, solange sie im Lichte der richtigen Erkenntnis gebraucht werden. Die Schwierigkeit ist, dass sie die Photographien nicht selber machen, sondern sie einem Buch oder einer Illustrierten entnehmen, wo es meist nur ein Bild einer bestimmten Pose gibt. Es ist aber wesentlich, herauszufinden, was auf den verborgenen Seiten liegt und wie der Gegenstand aus verschiedenen Winkeln aussieht. Wie ist es möglich, «hinter» die zweidimensionale Ansicht zu gelangen, wenn man keine Ahnung hat, was dahinter liegt? Viele Dinge, mit denen wir vertraut zu sein meinen, sind uns als dreidimensionale Formen ziemlich unbekannt. Könnten Sie z.B. einigermassen genau einen Querschnitt Ihrer Brust oder eines Pferdehalses zeichnen? Der Maler hat diese Probleme nicht, aber der Bildhauer muss jede Facette in Betracht ziehen. Sie müssen lernen, die physische Welt mit anderen Augen zu betrachten, damit Sie nicht nur Licht und Farben sehen, sondern auch Formen, Strukturen und Geometrien. Betrachten Sie Ihre Hand, wenn Sie die Finger bewegen; machen Sie eine Faust – sehen Sie, wie sich die Haut faltet – Sehnen erscheinen und verschwinden – Vertiefungen werden zu Ausbuchtungen – ein Gefühl der Spannung wird vermittelt, wenn Sie die Faust machen – das Ganze verändert sich von einer ruhigen, segmentierten Form zu einem tief gespaltenen Block. Nachdem Sie die unendliche Vielfalt und Feinheit der sich verändernden Form durch eine kleine Bewegung der Hand gesehen haben, wie können Sie da erwarten, auch nur den einfachsten natürlichen Gegenstand bloss mit einer Photographie als Vorlage zu formen?

Nehmen wir an, das Sujet sei ein Haifisch. Ich selber habe noch nie einen lebenden Haifisch gesehen. Aber ich habe sie am Fernsehen gesehen, und es gibt Filme über sie. Versuchen Sie, einen solchen Film zu bekommen. Im Naturhistorischen Museum gibt es wahrscheinlich ausgestopfte Haie und Skelette von Haifischen. Vielleicht gibt es irgendwo ein grosses Meeresaquarium mit lebenden Haien, und gewiss gibt es jede Menge Bücher. Studieren Sie die Bewegungen anderer, leichter zu findender, lebender Fische – kennen Sie Ihren Hai so, dass, wenn Sie das Projekt in Angriff nehmen, Sie genau wissen, was Sie formen wollen und warum? Verlassen Sie sich nicht auf Mutmassungen, indem Sie ungefähre Formen schnitzen und hoffen, es merke es dann niemand. Die Wichtigkeit eines grundlegenden Wissens über Ihr Sujet kann nicht überbetont werden. Nicht nur gibt es Ihnen Vertrauen in der Handhabung der Werkzeuge, was eine gute Technik hervorbringt, sondern, was sehr wichtig ist, Sie können das weglassen, was bedeutungslos ist, z.B. sind wir uns durch unsere Vertrautheit mit den Menschen bewusst, dass Hände sehr ausdrucksreiche und wichtige Merkmale sind – deshalb wird ihnen viel Aufmerksamkeit geschenkt, und sie werden auch sehr kritisch betrachtet. Den Füssen wird viel weniger Gewicht beigemessen. Was sind die entsprechenden Merkmale bei unserem Hai, oder einem Vogel, einem Hund? Studieren Sie die Skulpturen der Vergangenheit und Gegenwart. Wie wurden diese Merkmale im antiken Griechenland, wie in China behandelt? Was wurde versucht, auszusagen? Haben sie die gleichen Dinge gesehen wie wir, wenn sie ein Pferd oder einen Menschen anschauen? Dann schauen Sie Ihr Sujet im Lichte dieses gesammelten Wissens an und fragen Sie sich: «Was sehe ich, und was will ich darüber sagen?»

Eine Holzskulptur ist, wie jedes andere Kunstwerk, der Höhepunkt einer weitreichenden Anzahl Fähigkeiten, die zum höchsten Können des Schöpfers zusammengebracht und in einem einzigen Gegenstand vereinigt wurden. Wenn irgendeine der Fähigkeiten mangelhaft oder vorherrschend ist, hat das seine Auswirkungen, und der Betrachter wird dementsprechend urteilen. Z.B. genügt eine hohe Fähigkeit im Umgang mit den Werkzeugen nicht, wenn sie mit einem Mangel an Feingefühl für Struktur oder Vorstellungskraft verbunden ist. Der Erfolg von Künstlern wie Grinling Gibbons hing ebensosehr von ihrem Spürsinn für das Design wie auch von ihrem technischen Können ab. Das scheint offensichtlich zu sein, aber es ist auch ein hauptsächlicher Stein des Anstosses für so viele Holzschnitzer, dass es doch betont werden muss. Das Sujet selbst ist der erste Gegenstand des Erforschens. Um es zu schnitzen, werden Sie wahrscheinlich viele Stunden harter Arbeit investieren. Ist es diesen Aufwand wert, oder ist es zu trivial und ungeeignet, Ihr Interesse wachzuhalten? Wissen Sie genügend darüber, um das Projekt auszuführen? Jede Linie Ihrer Zeichnung muss überprüft werden – könnte sie verbessert werden durch eine Veränderung hier oder eine Abnahme dort? Denken Sie daran, dass Sie durch die Natur nicht begrenzt sind. Als Künstler müssen Sie ebenso ein Feingefühl für Linien und Formen entwickeln, wie Sie lernen müssen, Ihr Werkzeug zu schärfen. Das Holz muss sowohl nach Farbe, Maserung, Struktur und Charakter als auch nach Bearbeitungseigenschaften ausgewählt werden. Wo Verbindungen nötig sind, muss auf deren Position und auf das Zusammenpassen der Maserungen geachtet werden. Der Finish, oft vernachlässigt, muss ein positiver Schritt zur Vollkommenheit des Stückes sein, nicht ein nachträglicher Einfall, den man lieber vergisst. Eine Schnitzarbeit vollständig feinzuschmirgeln, braucht beinahe so lange wie das Schnitzen selbst, aber wenn es nicht zur Perfektion gebracht wird, kann das Ergebnis einen erschreckenden, halbfertigen Eindruck hinterlassen, der den Wert des Werkes in den Schatten stellt.

Dies sind nur ein paar Punkte, über die man sich Gedanken machen sollte. Ihr Publikum wird Ihr Werk so beurteilen, wie Sie ein Auto beurteilen würden. Jede Einzelheit muss stimmen, allein und im Verband – nicht einige oder die meisten sondern alle.

Um am Anfang mit der Auswahl des Sujets zu beginnen, ist eine Überprüfung der eigenen Motive von Gutem. Fragen Sie sich, warum Sie überhaupt schnitzen wollen. Falls Sie durch andere Schnitzereien motiviert wurden: Was an ihnen hat Sie angeregt? Sehen Sie es als eine Herausforderung an, einen hohen Stand technischer Fähigkeit zu erlangen? Haben Sie das geeignete Medium zur Umsetzung Ihrer Ideen gefunden? Kunstwerke werden nicht in einem Lichtblitz kreiert. Sie müssen analysiert und systematisch aufgebaut werden, wenn man eine gewisse Befriedigung darin finden will und nicht den Rest des Lebens sagen muss: «Es wäre besser gewesen, wenn ich es so und so gemacht hätte.» Sie müssen fähig sein, Ihr Sujet genau zu zeichnen. Wenn Sie nicht zeichnen können – lernen Sie es, kopieren Sie, pausen Sie durch oder lassen Sie es von jemand anderem zeichnen. Aber seien Sie versichert, dass, wenn die Zeichnung schwach ist, es wahrscheinlich auch die Schnitzerei sein wird. Denken Sie auch daran, dass Sie für eine Schnitzarbeit zeichnen; was auf dem Papier gut aussieht, kann nicht schnitzbar sein oder zumindest über Ihr Können hinweg gehen.

2. Hölzer

Das zu verwendende Holz ist sehr wichtig. Es kann entscheiden zwischen Frustration und Befriedigung, zwischen Erfolg und Misserfolg. Die volkstümlichen Prioritäten dürften Billigkeit und Einfachheit der Beschaffung sein – z.B. ein Klotz von der nächsten Baustelle. Ein Haufen Brennholz kann ergiebiger sein; hier finden Sie wahrscheinlich schöne, kleine Klötze von Eiche, Birnbaum, Apfelbaum, Hagedorn und anderen Hecken- und Gartenbäumen. Sie sind alle zum Schnitzen geeignet und wahrscheinlich auch einigermassen trocken. Für Übungsstücke ist diese Art von Abfallverwertung in Ordnung, aber für eine ernsthaftere Holzskulptur ist ein rechtes Stück Holz ein Hauptfaktor des Erfolgs.

Für dreidimensionale Schnitzereien braucht man grosse Holzblöcke; 130-150 mm sind ungefähr die Dicken, die Sie in einer Schreinerei gut gelagert und frei von Rissen finden können. Aber selbst 150 mm × 150 mm ist nicht gerade gross, und die Einschränkung durch die gerade, viereckige Form kann äusserst ärgerlich sein. Sie haben folgende zwei Alternativen: Entweder finden Sie einen grossen Holzblock oder Sie fügen kleine Blöcke zusammen. Ich habe von Zeit zu Zeit an verschiedenen Orten grosse Holzblöcke gefunden. Alte Balken von bis zu 355 mm Dicke tauchten auf, waren aber ausnahmslos gesprungen, von Würmern zerfressen oder voller Nägel und deshalb unbrauchbar. Die besten Quellen sind wahrscheinlich Sägereien und Betriebe, die grosse Mengen Bauholz verarbeiten. Ich erhielt ausgezeichnetes 304 mm dickes, vierkantiges Lindenholz von einem Kloster, das seine eigene Sägerei hatte, und von einer Palettenfirma, die buchstäblich jede Art von Bauholz verwendet, das zur Verfügung steht. Dort interessiert nicht die Qualität des Holzes, und jedes Stück, das nicht mehr gebraucht wird, gehört zum Abfall. Grosse Holzblöcke kann man nur mühsam aufspüren, und einmal erworben, müssen Sie bedenken, dass Sie ein sehr zweifelhaftes Gut besitzen. Selbst wenn es fehlerfrei und genügend alt ist, um vollständig trocken zu sein, kann es beim Einschneiden durch innere Spannungen zerrissen werden.

Ein anderes Problem ist die Holzmasse, die von einem solchen Block weggeschnitten werden muss. Abgesehen von der riesigen Verschwendung, die das mit sich bringen kann, wird der Aufwand an Zeit und Kraft enorm sein. Wenn man zudem die oben erwähnten Faktoren in Betracht zieht, so scheinen grosse Blöcke keine realistische Alternative für das Schnitzen irgendwelcher Grösse zu sein. Im Vergleich dazu scheint das Schichten oder Zusammenfügen kleinerer Blöcke die einfachere Lösung zu sein. Doch bringt das Zusammenfügen ebenso ernsthafte Probleme mit sich wie die grossen Blöcke: Erstens müssen die Stücke vollständig eben gemacht werden, um sie perfekt zusammenfügen zu können. Das scheint einfach zu sein, doch müssen Sie bedenken, dass, obwohl die Verbindung aussen gut aussehen mag, die kleinste Unebenheit in den beiden Oberflächen beim Einschnitzen als Riss erscheinen wird. Mit anderen Worten: Auf halbem Weg, nach vielen Stunden Arbeit kann sich eine Katastrophe offenbaren. Wenn man die Fügung nicht gleich sehen soll, müssen Farbe und Maserung der beiden Teile ausgezeichnet zusammenpassen. Wenn die Fasern nicht in der gleichen Richtung verlaufen, gibt es beim Schnitzen Schwierigkeiten, und wenn die anliegenden Maserungen nicht zusammenpassen, sieht es aus wie eine abstrakte Collage.

Das nächste Problem ist das Zusammenziehen und Ausdehnen des Holzes. Wenn die Skulptur aus sehr unterschiedlichen Teilen geschnitzt wurde, ist es sehr wahrscheinlich, dass sich die Teile verschieden stark ausdehnen und zusammenziehen, weshalb die Verbindung auseinanderfallen kann. Eine meiner Skulpturen hat eine Fuge, die sich je nach Wetter öffnet oder schliesst.

Das letzte und wahrscheinlich grösste Problem ist die Oberflächenbehandlung. Verschiedene Stücke des gleichen Holzes werden Beize und Poliermittel verschieden stark absorbieren: So sind z.B. das Kern- und das Splintholz der Linde kaum zu unterscheiden, wenn es frisch geschnitten ist, doch das kann sich beim Lackieren oder Beizen drastisch ändern. Plötzlich haben Sie eine zweifarbige Skulptur, und Sie können kaum etwas dagegen tun. Wenn Sie zudem unsorgfältig arbeiten, haben Sie zwischen den beiden Teilen noch eine hübsche, weisse Linie vom Klebstoff. Das sind natürlich alles technische Probleme, die sich lösen lassen, doch wichtig ist, einiges an Zeit und Mühe für das Aussuchen und Vorbereiten des Holzes aufzuwenden.

Normalerweise wird das zum Zusammenfügen gebrauchte Holz auf die maximal benötigte Grösse zugeschnitten, zusammengeleimt und nachher mit der Bandsäge behandelt. Manchmal kann es jedoch vorkommen, dass das zu verschwenderisch ist und, dass es einfacher ist, wenn man das Holz zuerst grob zuschneidet. Z.B. der Pferdekörper in Fig. 1 soll aus drei Teilen gemacht werden: Hinterbeine, Rumpf und Vorderbeine. Es wäre sinnlos, einen so riesigen Block anzufertigen und ihn dann zuzuschneiden. Man formt besser zuerst die Einzelteile und leimt sie danach zusammen. Gleiches gilt für das Falstaff-Projekt. Das rechte Bein, Fig. 217, und der rechte Arm, Fig. 219, wurden gesondert ausgesägt und dann hinzugefügt.

Welches Holz man verwenden soll, ist eine schwierige und subjektive Frage und sollte mit Bezug auf das Objekt beantwortet werden, wertvolle Hölzer sind zweischneidige Schwerter: Sie sind schön und aufregend zum Bearbeiten, aber die wilden und regellosen Maserungen verursachen die exotischsten Erscheinungen, und sie können äusserst schwierig zu schnitzen sein. Andererseits kann die Holzzeichnung eine einfache Skulptur interessanter machen. Beim

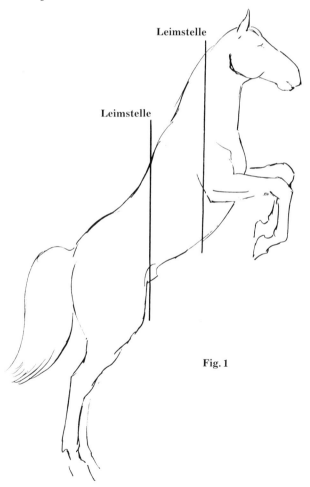

Fig. 1

«Harlekin» sind die ausgeprägten schwarzen Streifen des Walnussholzes zur Andeutung des Flickwerkanzuges beabsichtigt. Die seidenen Flammen machen den Rücken des Geierfalken vielleicht attraktiver als die Frontansicht. Als allgemeine Regel empfehle ich, starkgezeichnetes Holz zu vermeiden und wenn es verwendet wird, sollte ihm die Skulptur angepasst werden.

Wie schon gesagt, das Holz sollte trocken und frei von Astlöchern und Rissen sein. Die Maserung sollte zum geplanten Werk passen, und die Schneideeigenschaften des Holzes sollten mit der beabsichtigten Schneideart übereinstimmen.

Ahorn
Ahorn ist sehr hartes, crèmefarbenes Holz, das erfolgreich für feine Arbeiten gebraucht werden kann, aber selten verwendet wird.

Apfelbaum
siehe Obstbäume

Bergahorn
Bergahorn ist ein feingemasertes, recht weiches, crèmefarbenes Holz. Es ist gut zu schnitzen, hat aber die Eigenschaft, sehr schmutzig zu werden, weshalb es vor dem Polieren mit Sorgfalt behandelt werden muss. Der horizontal gestreifte Bergahorn kann, so hübsch er auch aussieht, schwierig zu schnitzen sein, und die seidenartige Wirkung geht auf geschnitzten Oberflächen oft verloren.

Birke
Wenn es in Büchern über das Schnitzen überhaupt erwähnt wird, wird das Birkenholz als Nutzholz für billige Drechslerarbeiten, Bettrahmen usw. bezeichnet. Seine bemerkenswerten Schnitzeigenschaften werden nie erwähnt, obwohl eine grosse Anzahl skandinavischer Arbeiten in diesem Holz ausgeführt wurden. Es ermöglicht das Schnitzen feinster Details, ist sauber und leicht zu schneiden und sollte in grossen Stücken ziemlich billig erhältlich sein.

Birnbaum
siehe Obstbäume

Buche
Buchenholz ist wahrscheinlich eines der vielseitigsten und verlässlichsten Hölzer, die verwendet werden. Es ist billig, leicht erhältlich und dauerhaft. Es ist leicht und sauber zu schneiden, bis in die feinsten Details. Man kann es schön polieren, und es ist sehr stark. Die Buche ist das Rückgrat der Möbelindustrie, und es gibt nur weniges, das man damit nicht machen könnte. Leider gilt sie als unattraktiv und wird nur selten unbemalt gelassen. Es können jedoch Buchenstücke gefunden werden, die ungewöhnliche Merkmale haben und sehr schön sein können.

Buchsbaum, englischer
Zum Schnitzen von Details ist dies das beste Holz. Die Maserung ist beinahe unsichtbar. Es hat eine liebliche Butterfarbe mit gelegentlich dunkeln Streifen und riecht süsslich. Es ist sehr hart und kompakt, sauber und leicht zu schneiden und bekommt beim Polieren eine sehr schöne Oberfläche. Leider wächst es nur als kleiner Busch. Stämme mit 70-100 mm Durchmesser sind der Durchschnitt, solche mit 150 mm Durchmesser höchst selten. Deshalb werden sie rund gelassen und sind als solche sehr schwierig zu lagern, ohne dass Risse entstehen. Buchsbaumholz ist teuer, aber da Sie ja nur ein kleines Stück brauchen, ist ein gut gelagerter Block seinen Preis wert.

Eibe
Eibenholz ist schön und heute sehr gesucht. Es wurde von der traditionellen Möbelindustrie praktisch ignoriert und das zu recht, denn wegen seiner angebo-

renen Fehler gibt es unglaublich viel Ausschuss. Es wäre schön, einen grossen Block ohne Risse, Astlöcher oder eingewachsene Rinde zu finden. Selbst gute Bretter zum Zusammensetzen eines Klotzes sind teuer und schwierig zu finden. Hat man jedoch ein gutes Stück erworben, so hat man ein prächtiges Holz zum Bearbeiten, das sich sauber schneiden lässt und eine sehr glatte Oberfläche bekommt. Es ist sehr fein, hart und ermöglicht kleinste Einzelheiten, obwohl diese etwas verschwinden können wegen der stark gezeichneten Maserung. Die auffallenden Farben von Eibenholz werden rasch zu einem warmen Rotbraun, woran man beim Planen seines Werkes denken muss.

Eiche
Als Rückgrat der englischen Holzschnitzerei ist sie stark und männlich, für fast alle Arbeiten geeignet, obwohl nicht gerade für feine, elegante und detaillierte Stücke. Überall in Europa in Kirchen und Häusern anzutreffen, wurde sie zum Schnitzen zuerst im mittelalterlichen Deutschland gebraucht und verbreitete sich dann über den ganzen Kontinent bis nach Grossbritannien. Gute englische Qualitätseiche ist heute immer schwieriger zu erhalten, vor allem die geviertelte, welche stabiler ist und eine Strahlenzeichnung aufweist. Am besten ist die gerade gemaserte, schnell gewachsene Eiche, die ziemlich weich, leicht zu bearbeiten und schön anzuschauen ist. Im schlechtesten Falle kann sie hart, knorrig und widerspenstig sein und eine verdrehte Maserung haben. Wiederverwertetes Eichenholz von Türpfosten oder Balken gibt grosse Stücke ab. Es hat sich normalerweise zu einem schönen, warmen Braun verdunkelt und, obwohl hart, lässt es sich sauber schneiden und ist ästhetisch befriedigend. Japanische Eiche ist meistens gerade gemasert und im Vergleich mit der englischen ziemlich charakterlos, sie ist von hellerer Struktur, aber nicht so angenehm zu schnitzen. Amerikanische Eiche wird am besten vermieden, denn sie ist faserig und grob. Zu Beginn dieses Jahrhunderts wurde sie oft für billige Eichenmöbel verwendet. Eiche kann auf mancherlei Weise gebeizt und poliert werden, doch am besten belässt man die Naturfarbe und wachst nur ein.

Esche
Esche ist ein Holz, das ich unangenehm und schwierig zu schnitzen finde. Es ist in der Regel grob und faserig.

Föhre
Siehe Weichhölzer

Goldregen
Dieses schöne, harte und massive Holz kann erfolgreich geschnitzt werden, aber es ist nicht leicht in einer für den Schnitzer nützlichen Grösse zu finden.

Guajakholz
Meine Hochachtung vor jedem, der das Hohleisen an einem Stück Guajakholz ansetzt. Es ist fast steinhart, und das Tragen einer Schutzbrille ist empfehlenswert. Zweifellos können durch den Einsatz von Bohrern, Feilen und Schleifmaschinen nette Ergebnisse erzielt werden, aber ich vermute, dass die Werkzeuge wegen der öligen Natur des Holzes schnell verstopfen.

Hagedorn
Dieser Heckenbaum, der einen Durchmesser von etwa 380 mm erreichen kann, wird fast ausnahmslos gefällt und verbrannt. Ich habe nie ein trockenes Stück zum Kauf angeboten gesehen, aber es ist ein weisses, hartes Holz mit sehr feiner Struktur. Obwohl ich es selbst noch nie gebraucht habe, weiss ich aus verlässlicher Quelle, dass es zum Schnitzen feinster Details dem Buchsbaumholz gleichkommt. Seine grösseren Ausmasse und leichtere Erhältlichkeit machen es sicher empfehlenswert.

Jelutong
Es wird in Amerika zum Schnitzen empfohlen. Ich persönlich fand es entsetzlich. Es ist weich, charakterlos und durchwegs unbefriedigend.

Kastanien
Kastanienholz wurde in der Vergangenheit häufig zum Schnitzen verwendet. Ja, ich glaube, dass viele «Eichen»-Schnitzereien, die man in Kirchen findet, eigentlich aus Kastanienholz sind.

Kirschbaum
siehe Obstbäume

Linde
Zweifellos das Holz des Schnitzers: Schön crèmefarbig mit gelegentlichen braunen Flecken und Streifen lässt es sich perfekt und leicht in jeder Richtung schneiden. Einige der schönsten Schnitzereien der Welt wurden aus Lindenholz gemacht, nicht nur von Grinling Gibbons in England, sondern auch in den meisten anderen europäischen Ländern, vor allem in Süddeutschland. Die feine Maserung und die einfachen, sauberen Schnitte ermöglichen die zarteste Arbeit, während die Grösse der Bäume grosse Blöcke zu angenehm tiefen Preisen hergibt. Das Vergnügen, Lindenholz zu schnitzen, ist eine Erleuchtung für den, der es zum ersten Mal benutzt. Es ist von attraktiver «reiner» Qualität, wenn es poliert ist, und nach vielen Jahren verändert sich die Farbe zu einem goldenen Braun.

Mahagoni
Es ist oft im Ofen getrocknet und in grossem Format erhältlich. Ein 600 mm breites und 100-130 mm dickes Brett ist keine Seltenheit. Es gibt heute so viele verschiedenen Hölzer, die als Mahagony bezeichnet werden, dass es schwierig zu sagen ist, was man nun gekauft hat. Es ist sehr unterschiedlich bezüglich seiner Bearbeitungseigenschaften. Es ist regelmässig mit ineinandergreifenden Maserungen behaftet, was bedeutet, dass die Maserungen von eng aneinanderliegenden Bändern in entgegengesetzten Richtungen verlaufen, wodurch das Schnitzen sehr mühsam wird. Das heute gebräuchliche Mahagoni ist hellrosa, völlig verschieden von dem dunkelbraunen, harten, schweren kubanischen Mahagoni, das ursprünglich für Möbel gebraucht wurde. Dieses ist praktisch unerhältlich, ausser von alten Möbeln, und ist sehr gesucht von Möbelrestauratoren. Das honduranische (spanische) Mahagoni ist noch erhältlich und das am besten zu gebrauchende. Benötigt werden sehr scharfe Werkzeuge, die aber ziemlich schnell stumpf werden wegen des in den Poren abgelagerten Kalks. Es ist ideal für mittlere bis grosse Projekte, aber die Fasern sind etwas zerbrechlich, wenn man es für sehr feine Details brauchen will. Das Holz lässt sich sehr gut beizen und polieren und kann auf grösseren Stücken schöne Zeichnungen aufweisen.

Obstbäume
Das meiste Holz von Obstbäumen ist angenehm zu bearbeiten und ermöglicht, kleine Details zu schnitzen. Es ist jedoch schwierig, in brauchbarer Grösse zu erhalten und neigt dazu, Risse zu bekommen, vor allem, wenn man es als Rundholz belässt. Da die Bäume aber im allgemeinen klein sind, ist das die einzige Möglichkeit, ein einigermassen grosses Stück zu erhalten. Kirschbaum ist normalerweise bei einem guten Holzhändler erhältlich, ebenso Birnbaum, der als das beste Schnitzholz gilt. Ich persönlich ziehe Zwetschgenbaum mit seiner feinen Maserung und schönen Farbe vor. Apfelbaum ist vielleicht das häufigste Obstbaumholz, obwohl zum Glück für die Holzschnitzer immer mehr Birnbaumholz vorhanden zu sein scheint; wahrscheinlich wegen seiner kürzeren Lebensdauer und grösseren Dimensionen,

die vorzüglicherweise auch beibehalten werden. Apfelbaumholz lässt sich gut schnitzen, hat eine feine Maserung und Struktur mit dunkleren Zonen als Birnbaumholz; es ist auch härter. Obstbaumholz wird vor allem für Drechslerarbeiten verwendet. Oft wurden Sägegriffe und Kämme daraus gemacht. Die meisten Obstbäume enden als Brennholz, weshalb es ein Leichtes sein sollte, die grünen Stämme praktisch unentgeltlich zu bekommen. Das Durchsuchen eines alten Holzhaufens könnte sich lohnen.

Olivenbaum
Ein ausgezeichnetes Holz für detaillierte Arbeiten. Es ist hart, fein gemasert mit faszinierenden dunklen Streifen im Crèmeweiss, das mit der Zeit zu einem Goldbraun wird. Im Mittelmeerraum wird Olivenholz oft zum Schnitzen und Drehen verwendet.

Padauk
Padauk ist gut zu schnitzen, hart, massiv und leuchtend orange-rot, wenn es frisch geschnitten ist. Obwohl es dazu neigt, an den dünnen quer zur Maserung verlaufenden Gräten zu zerbröckeln, fand ich es sehr zufriedenstellend für kleine, 250-300 mm hohe, detaillierte Figuren. Der Beitel hinterlässt einen schönen, glatten Schnitt. Das Holz wird später dunkelrot.

Pappel
Aussehen und Bearbeitungseigenschaften sind ähnlich wie bei der Linde. Sie wurde in der Vergangenheit wahrscheinlich auch als billiger Ersatz gebraucht.

Platane
Das als ahornblättrige Platane bekannte Holz kann sehr gut geschnitzt werden, obwohl es kein traditionelles Schnitzholz ist. Das gesprenkelte Äussere, wofür es ja bekannt ist, macht es geeigneter für grosse, ebene Flächen als für komplizierte Formen.

Rosenholz
Es gibt verschiedene Sorten Rosenholz, die nicht von der gleichen Baumart stammen, aber als Schnitzholz gleiche Eigenschaften aufweisen. Ich habe nicht mit allen gearbeitet, aber indisches Rosenholz ist gewiss sehr gut zu bearbeiten. Scharfe Werkzeuge machen saubere Schnitte, obwohl dünne Gräte quer zur Maserung oft zu zerbröckeln drohen. Die Farbe geht von fast schwarz zu purpurrot, rot und orange mit schwarzen Streifen. Es ist sehr schönes Holz, ziemlich teuer, aber in recht grossen Stücken erhältlich. Madegassisches Rosenholz ist nicht so gut, da es splitterig und weniger klar zu schneiden ist. In beiden Fällen sollte man das weisse Splintholz am besten vermeiden.

Stechpalme
Sie hat ein sehr feines zum Schnitzen ausgezeichnetes Holz. Es ist für die kleinsten Details geeignet und bekommt eine schöne Oberfläche. Man sagt, dass die amerikanische Stechpalme besser, weisser und in grösseren Blöcken erhältlich sei.

Teakbaum
Dieses Holz ist leicht schnitzbar und geeignet für grosse Werke. Es ist in grossen Stücken erhältlich und angenem zu bearbeiten, obwohl der Staub stört und manche Leute darauf allergisch sind. Beim Leimen kann es Schwierigkeiten geben, doch mit modernen Klebstoffen lässt sich das Problem lösen.

Tulpenbaum
In Amerika ist es als Bastholz bekannt und zum Schnitzen sehr beliebt. In Grossbritannien wird es eher von Drechslern als von Schnitzern verwendet. Die Gewebestruktur ist ähnlich derjenigen von Lindenholz.

Ulme
Ulmenholz ist kein traditionelles Schnitzholz. Dennoch wurde es in den

letzten Jahren häufig verwendet: wegen des grossen Angebots, weil es billig und auch bei grossen Stücken sehr rissfest ist. Es ist geeignet für sehr grosse, aber nicht für kleine, komplizierte Werke, da es ziemlich grob ist.

Walnussbaum
Englisches Walnussholz ist ausgezeichnet zum Schnitzen, und die Mannigfaltigkeit in Maserung und Zeichnung machen es für grosse und kleine Stücke empfehlenswert. Das weisse Splintholz ist viel weicher und wird am besten vermieden. An Stellen mit kurzen Fasern ist es nicht sehr stark, und kleine Stücke brechen leicht ab. Das amerikanische schwarze Walnussholz ist sehr einfach zu schnitzen, doch gilt es als nicht so schön für das Auge wie das englische. In der Vergangenheit galt das italienische Walnussholz, das härter, feiner und bleicher ist, dem englischen zum Schnitzen als weit überlegen.

Walnussbaum, afrikanischer
Es ist ein goldbraunes Holz mit ausgeprägten seidenartigen Bändern in Längsrichtung, verursacht durch ineinanderlaufende Maserungen. Dies ist hier viel weniger mühsam als beim Mahagony, und das Holz lässt sich leicht und schnell schnitzen. Es ist weich und bekommt leicht Risse, aber es ist ziemlich billig und in grossen Blöcken erhältlich.

Weichhölzer
Schon immer wurden verschiedene Arten von Weichhölzern mit grossem Erfolg zum Schnitzen aller möglichen Werke, vom Detail bis zu den grossen Galionsfiguren, verwendet. In Museen kann man sie als Douglastanne, Zeder, Weymouthskiefer, Schierlingstanne, Pechkiefer, Kiefernschnittholz usw. beschriftet sehen. Eine sichere Bestimmung der vielen Arten ist schwierig, vor allem in gewöhnlichen Holzhandlungen, wo das angeboten wird, was gerade von in- und ausländischen Lieferanten zu bekommen ist. Daher befindet sich der Schnitzer, der etwas Bestimmtes sucht, in einer misslichen Lage, was noch durch die Tatsache verschlimmert wird, dass viele Weichhölzer zum Schnitzen ungeeignet sind. Man hat wenig Möglichkeiten, das Problem zu lösen: Mit geeigneten Büchern, Vergrösserungsglas und mikroskopischen Bestimmungsschlüsseln kann man die Weichhölzer soweit bestimmen, wie es den Bedürfnissen entspricht; man kann auf gut Glück ein Stück Föhre oder ein anderes Weichholz kaufen und hoffen, dass es schnitzbar ist, oder man kann, wenn immer möglich, eines der vielen ausgezeichneten Harthölzer verwenden.

Zeder
siehe Weichhölzer

Zwetschgenbaum
siehe Obstbäume

Es gibt noch viele andere in- und ausländische Hölzer, die sich unterschiedlich zum Schnitzen eignen. Probieren Sie sie aus, aber bedenken Sie, dass Sie eine beträchtliche Summe Geld für einen unbekannten Block bezahlen können, der sich im Nachhinein als für Ihren Zweck völlig ungeeignet erweisen kann. Als Beispiel sei ein ostindisches Ebenholz erwähnt, das für eine ungefähr 300 mm hohe Figur gebraucht wurde. Es erwies sich als nicht schnitzbar und musste buchstäblich ausschliesslich mit der Feile bearbeitet werden. Schliesslich bekam es Risse, obwohl es sehr trocken war, und die Figur war ein totaler Reinfall.

3. Ausstattung

Die Werkbank
Es ist schwierig, ohne Werkbank zu arbeiten, es sei denn, dass das Stück gross genug ist, um frei stehen zu können. Grösse und Form der Werkbänke werden von der geplanten Arbeit bestimmt. Es kann ein massiver Küchentisch oder ein grosser Schrank gebraucht werden, aber es können noch viele andere Dinge dienlich sein. Wichtig sind vor allem Gewicht, Stärke, Härte und Festigkeit, um ein Rückschlagen zu vermeiden. Verschiedene Geräte werden darauf befestigt. Fig. 2 zeigt die Werkbank, die ich für die meisten Schnitzereien benutze.

Die Arbeitsfläche sollte auf Brusthöhe liegen und ungefähr 450 × 450 mm gross sein. Sie besteht aus zwei 40 mm dicken Hartholzplatten, die so übereinandergelegt sind, dass sie im Winkel zueinander stehen. Sie werden mit dem darunterliegenden Gestell fest verschraubt. Das Gestell besteht aus vier 100 × 100 mm Eschenbalken, die oben und unten mit 200 mm × 40 mm Brettern zusammengehalten werden. Das Ganze wird mit 13 mm dicken Wagenbauschrauben zusammengeschraubt. Im Boden liegen vier 25 kg-Gewichtssteine. Oben gibt es Vorrichtungen für eine Schnitzerschraube, eine Zwinge und eine hydraulische Klammer, auf der Seite befindet sich eine Konsole für einen grossen Schmiedeschraubstock.

Diese Werkbänke sind sehr stark, schwer und vielseitig. Wenn man sie aus wiederverwertbarem Holz wie Bodenquerbalken oder Zaunpfosten baut, Gewichte und Schraubstock beim Alteisenhändler holt, kostet es nur noch die Schrauben und einen Tag Arbeit. Sie braucht wenig Platz, und man hat von

Fig. 2

allen Seiten Zugang. Die verschiedenen Zusatzeinrichtungen, wie Biegewellenantrieb, Steckdose, Schleifmaschine, Tablare für Werkzeuge und Schleifsteine können leicht angebracht werden, und so ergibt sich eine freistehende, unabhängige Einheit. Nach der Werkbank braucht man als nächstes die Fixiereinrichtungen.

Schraubstöcke
Schraubstöcke gibt es in vielen Formen

und Grössen. Um nur ein kleines Holzstück von 300 mm Höhe zu halten, muss ein Schraubstock schon sehr kräftig zupacken, um die Schläge des Holzhammers aufzufangen. Fig. 3 zeigt eine Standardausführung eines Schnitzerschraubstockes. Er muss sehr gross sein und extrem stark angezogen werden können. Die Holzstücke müssen flache parallele Seiten haben, damit sie richtig eingespannt werden können. Ein Mechanikerschraubstock, Fig. 4, mit seinen kleinen Backen, kann einen viel grösseren, konzentrierteren Druck ausüben und somit unregelmässigere Holzstücke halten. Dadurch kann natürlich das Holz beschädigt werden, was aber häufig erfolgreich verhindert werden kann, indem man zwischen dem Werkstück und der Backe ein anderes Stück Holz einspannt. Ein Ständerschraubstock ist ein altmodischer Schmiedeschraubstock, ähnlich dem Mechanikerschraubstock, aber meistens mit breiteren Backen und mit riesiger Hebelkraft. Für die meisten Schnitzarbeiten genügt ein gewöhnlicher Schraubstock. Er ist für den Schnitzer von unschätzbarem Wert. Gute Schraubstöcke sind teuer, aber man kann sie gewöhnlich aus zweiter Hand haben.

Fig. 3

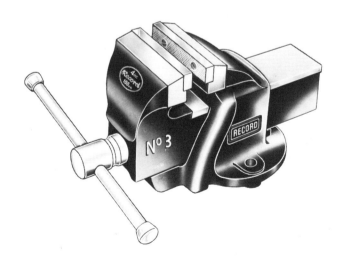

Fig. 4

Fig. 5

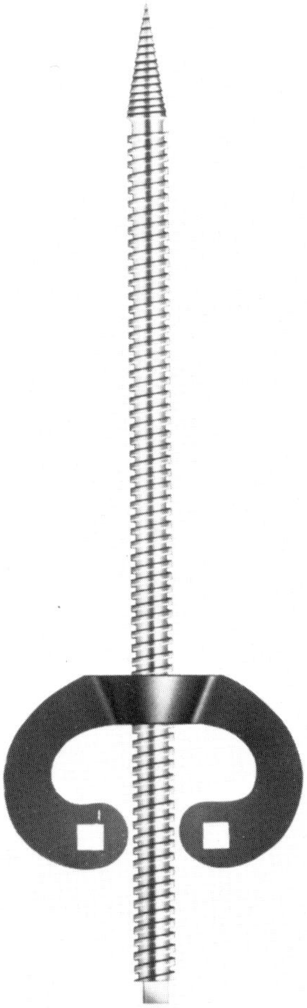

Die Schnitzerschraube

Sie ist in Fig. 5 und 6 abgebildet und dient zum Festhalten von Holzblöcken. Seit jeher als ausgezeichnetes Werkzeug bestätigt, ist sie ziemlich günstig zu beschaffen und von unschätzbarem Wert.

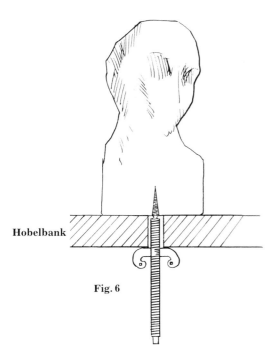

Hobelbank

Fig. 6

Fig. 7

Der Tiefspanner

Der Tiefspanner ist in seinen Anwendungsmöglichkeiten auf das Festhalten von flachen Brettern auf der Tischfläche beschränkt. Um etwas richtig festzuhalten, braucht es eigentlich zwei. Die Tischplatte muss auch sehr stark sein, um dem Hebeldruck beim Festschrauben zu widerstehen. (Fig. 7)

Die Schraubenzwinge

Die Schraubenzwinge (Fig. 8) braucht man, um Bretter beim Schnitzen von Reliefs, Beschriftungen usw. auf der Tischfläche zu befestigen. Beim Schnitzen an Blöcken ist ihr Nutzen beschränkt.

Es gibt noch verschiedene andere Fixier- und Einspannvorrichtungen. Ich brauche für die meisten dreidimensionalen Werke einen hydraulischen, allseitig verstellbaren Arm mit einer Platte, auf der das Werkstück befestigt wird. Es gibt ihn in diversen Grössen, die verschiedenstarkem Druck widerstehen können. Diese Einrichtung ermöglicht Schnitzereien, die sonst kaum oder gar nicht möglich wären, zudem ein einfacheres und schnelleres Arbeiten. Sie ist teuer, aber für den ehrgeizigeren Holzschnitzer ist sie das Geld wert. In Fig. 2 ist sie auf der Werkbank montiert zu sehen.

Fig. 8

Schnitzwerkzeuge

Schnitzwerkzeuge können grob in solche mit und solche ohne Schneide eingeteilt werden. Diejenigen mit Schneide umfassen Beitel, Hohleisen, Messer, Axt, Breitbeil und andere Metallwerkzeuge, die zum Schneiden gebraucht werden. Zu den schneidelosen Werkzeugen zähle ich

Feilen, Raspeln, Ziehklingen, Bohrer, Fräse, Sägen, Schleifmaschinen und andere Reibe- und Schleifmittel.

Beitel und Hohleisen gibt es in verwirrender Vielfalt von Formen und Grössen. Obwohl man erfolgreich mit sehr wenigen auskommen kann, wäre es falsch, zu glauben, dass die vielen anderen überflüssig seien, oder dass es kein Vorteil sei, viele Werkzeuge zu besitzen. Siehe Fig. 9 und 10.

Griffe
Der Griff ist ein wichtiger Bestandteil eines Hohleisens. Er muss ein ungeheures Gehämmer vom Holzhammer ertragen, und wenn er nicht gut gemacht ist, wird er bald unbrauchbar, vor allem bei grösseren Werkzeugen. Die besten Griffe sind aus Buchsbaumholz, aber sehr wenige oder gar keine Werkzeuge werden heute noch mit solchen Griffen ausgestattet. Auch Rosenholz ist dauerhaft, aber ebenso selten gebraucht. Einige Hersteller verwenden Eschenholz, und wenn es gut ausgesucht ist, hält es einiges aus. Buchenholz wurde in der Vergangenheit oft verwendet und ist auch heute noch gebräuchlich. Verschiedene andere Hölzer wie Bubinga, einige Mahagoni-Arten und natürlich Plastik werden mit unterschiedlichem Erfolg verwendet. Um das Splittern zu verhindern, haben die meisten Griffe dort, wo der Heftzapfen ins Holz geht, eine Messingzwinge um den Schaft. Die mit Eschengriffen versehenen Schweizer Beitel, die ich benutze, haben keine Zwinge, scheinen deshalb aber nicht schlechter zu sein.

Griffe werden in vielen verschiedenen Formen hergestellt, doch ist keine bestimmte den anderen überlegen, abgesehen von der Tatsache, dass hexagonale Griffe weniger leicht wegrollen. Ein Werkzeug, das von der Werkbank auf einen Steinboden fällt, kann leicht beschädigt werden. Obwohl es hübsch aussehen mag, alle seine Werkzeuge mit gleichen

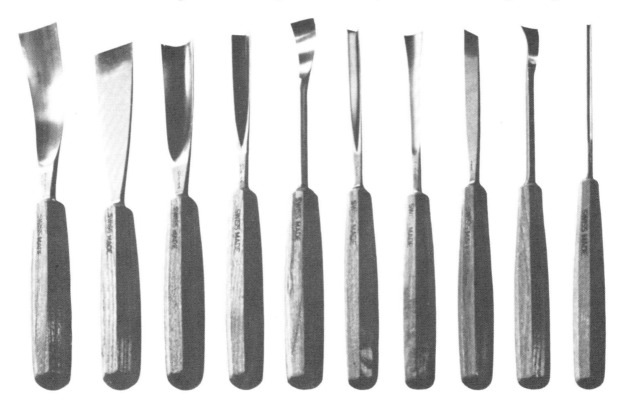

Fig. 9

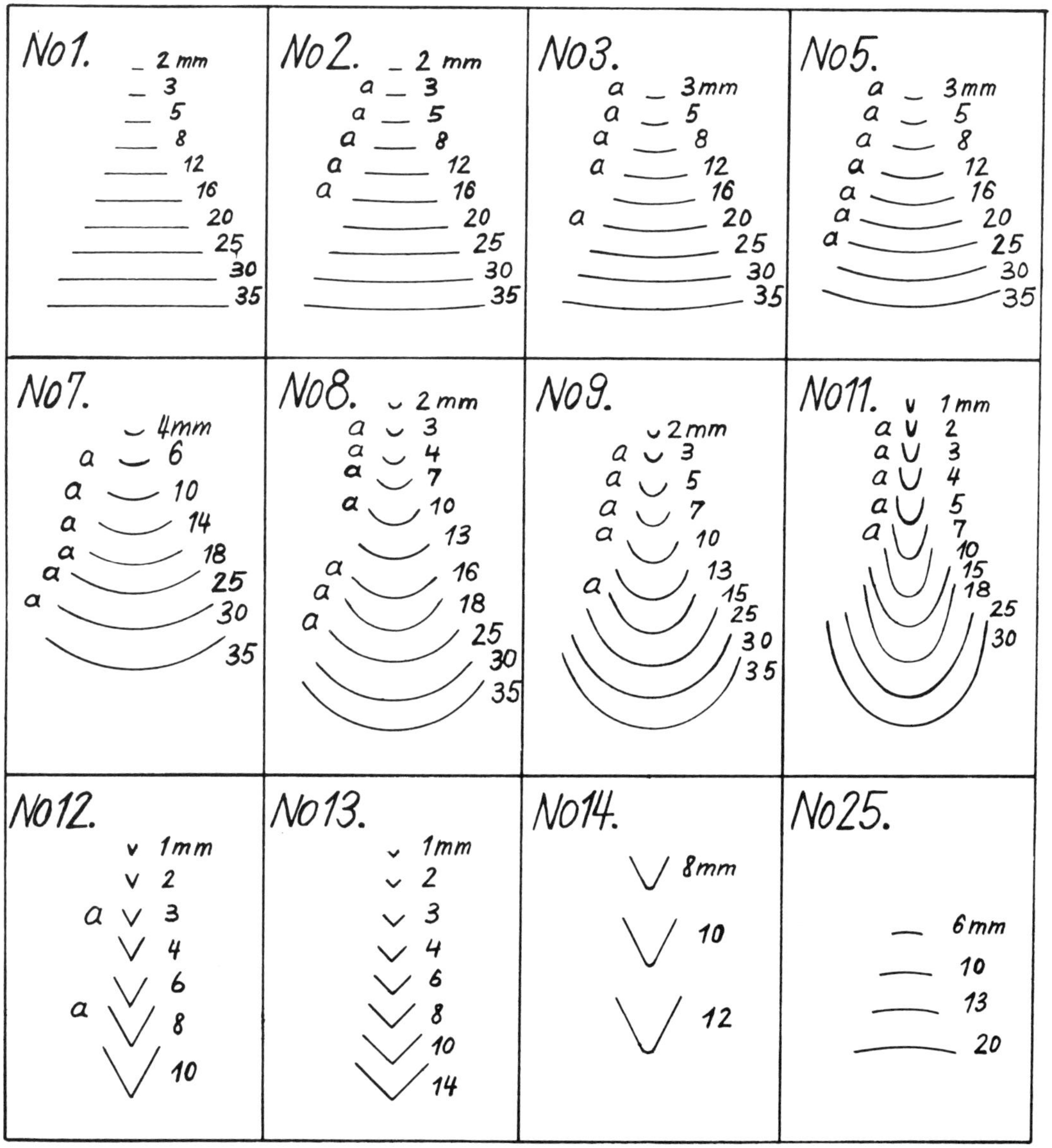

AUSTATTUNG 25

Fig. 10

Griffen zu haben, ist es eher von Vorteil, wenn sie leicht unterscheidbar sind. Es kann buchstäblich Minuten dauern, bis man unter vierzig oder fünfzig gleichaussehenden Hohleisen ein bestimmtes gefunden hat.

Beitel können ohne Griffe gekauft werden, obwohl das Selbermachen meistens unwirtschaftlich ist. Falls Sie sich dennoch dazu entschliessen, achten Sie darauf, dass die Griffe bequem und lang genug sind, sonst werden Ihre Hände und Ihr Werk in Mitleidenschaft gezogen. Vergewissern Sie sich auch, dass Klinge und Griff genau in einer Linie liegen, sonst werden die Hammerschläge nicht direkt auf die Schnittkante übertragen. Befestigen Sie den Heftzapfen im Griff, aber seien sie vorsichtig, dass der Griff beim Einschlagen nicht splittert.

Klingen

Viele Handwerker schwören heute auf alte Werkzeuge. Man braucht bloss die Vorkriegswerkzeuge und -maschinen anzuschauen, um zu verstehen, woher dies kommt. Vom grössten Hobel bis zum kleinsten Tasterzirkel sind sie gut erdacht und konstruiert und strahlen eine Ausgewogenheit aus, die sie mit einem schönen Werkstück und dem hingebungsvollen Handwerker teilen. Es wäre aber ungerecht und falsch zu sagen, dass heute keine guten Werkzeuge mehr gemacht werden oder dass die moderne Technologie nicht ausgezeichnete Neuerungen gebracht habe, die aber sorgfältig ausgesucht und oft eingearbeitet werden müssen. Gute Werkzeuge sind teuer, aber wichtig für Sie. Man soll sie pflegen und einsatzbereit halten: Ein guter Beitel oder ein Hohleisen sollten rasiermesserscharf, sauber und poliert sein. Verschiedene Firmen in Grossbritannien machen noch Schnitzwerkzeuge mit einem Angebot von 2000-3000 Formen. Es gibt keine Standardausführungen. Werkzeuge, die Sie kaufen, sind entweder gut oder unbrauchbar. Die alten britischen Klingen waren immer gut. Ob dies jedoch am Stahl liegt, wie die meisten Leute sagen, oder weil nur die guten überlebten, ist umstritten.

Es scheint, dass es in alten Tagen unzählige Beitel-Hersteller gab. Ich weiss nichts über sie. Es scheint, dass die Werkzeuge aus hochgekohltem Stahl gemacht wurden, der von Hand gehärtet, getempert und geschliffen wurde. Es sollten daher Unterschiede bezüglich Stahlqualität und Fertigkeit des Handwerkers feststellbar sein. Gewiss, einige scheinen bloss auf den ersten paar Zentimetern gehärtet zu sein, sonst sind sie jedoch durchwegs gut geformt und behalten eine gute Kante. Man kann sie noch in Gebrauchtwarenhandlungen und auf Auktionen kaufen, doch sind sie kaum billiger als neue.

Neue Werkzeuge sollten aus bestem, geschmiedetem Stahl sein, der gehärtet, getempert und geschliffen wurde. Das Metall sollte bis zu einem bestimmten Punkt auf der Rockwell-Skala gehärtet werden, was Sie nicht ohne Hilfe eines Experten prüfen können, doch wird Ihnen der Gebrauch zeigen, ob ein Werkzeug eine gute Kante behält. Die Auskeilung der Klinge eines V-Eisens sollte gut geformt, völlig gerade, gleichmässig und die Dicke der Ränder identisch sein. Schauen Sie sich im Laden alle Beitel an, bis Sie den gefunden haben, der Sie völlig überzeugt.

Besonders betonen möchte ich, dass das Erwerben von guten Schnitzwerkzeugen keine einfache Sache ist. Um es allgemein auszudrücken: Die Werkzeuge können eine Abschrägung geschliffen haben, die richtig oder falsch sein kann. Erst wenn Sie das Werkzeug geschärft haben, können Sie sehen, ob es gut ist oder nicht. Der Anfänger soll bereits geschärfte Werkzeuge kaufen, damit er eine Ahnung bekommt, wie die Schneidekante sein sollte. Eine solche Schneidekante zu schleifen, ist eine Kunst für sich.

Der Holzhammer

Ich werde oft gefragt, warum der Holzhammer des Schnitzers (Fig. 11) rund ist, während doch derjenige des Zimmermanns flache Seiten hat. Man könnte ebenso gut fragen, warum der Holzhammer des Zimmermanns abgeflacht ist. Ich glaube, dass die runde Form viel älter ist als die abgeflachte, und das aus gutem Grund. Wenn ein abgeflachter Hammer nicht einigermassen gerade auf den Werkzeuggriff trifft, wird er abrutschen, aber bei einem runden Hammer kann das nicht passieren. Dazu kommt, dass beim runden Hammer eine kleinere Fläche auf den Griff schlägt, was, so glaube ich, weniger Abnützung bewirkt. Wegen des Gewichts und der Härte sollten Holzhämmer aus Hartholz sein. Bei der Verwendung von leichterem Holz wäre der Hammer entweder sehr gross oder sehr leicht.

Fig. 11

Zudem würde er bald anfangen zu splittern und abzublättern. Leichte Hämmer sind weniger präzis, weil man härter schlagen muss. Vom Hartholz sollte man das dunkle Kernholz verwenden und nicht das gelbe Splintholz, das leichter ist und zum Splittern neigt. Der Griff ist weniger wichtig – Esche oder ein ähnlich starkes Holz genügen.

Die Bandsäge
Sie ist kein grundlegendes Werkzeug für den Holzschnitzer. Ich würde sagen, sie hat etwa den selben Stellenwert wie die Kreissäge für den Kunsttischler; wenn man eine Menge harter Arbeit in Kauf nimmt, kann man gut ohne sie leben, und schliesslich kauft der Kunsttischler sein Bauholz auch schon grob zugeschnitten. Die Bandsäge kann in gewissem Masse durch die Laubsäge ersetzt werden, aber ihr Einsatz ist beschränkt. Eine gute Bandsäge mit einer Schnittiefe von 150 mm oder mehr ermöglicht es, grosse Mengen Abfall in wenigen Minuten zu entfernen, wofür man mit dem Hohleisen Stunden und Tage braucht. Noch wichtiger ist, dass sie ermöglicht, von einer, zwei oder drei Seiten genau die Profile der Skulptur zu schneiden. Dies gibt Ihnen einen unschätzbaren Vorteil gegenüber jemandem, der von Anfang an mit dem Hohleisen an den Block herangeht. Das wird sich dann bei den Projekten zeigen. Natürlich ist eine Bandsäge eine grosse Investition, die nicht jeder zu machen bereit ist, aber es sollte nicht schwierig sein, eine Schreinerei oder Zimmerei zu finden, die Ihre Skulptur für einen bescheidenen Preis zusägt.

Feilen und Raspeln
Raspeln sind grobe Holzfeilen. Obwohl ich sie selten gebrauche, sind sie für grössere Skulpturen sehr geeignet. Feilen sind feiner und in vielen Formen, Grös-

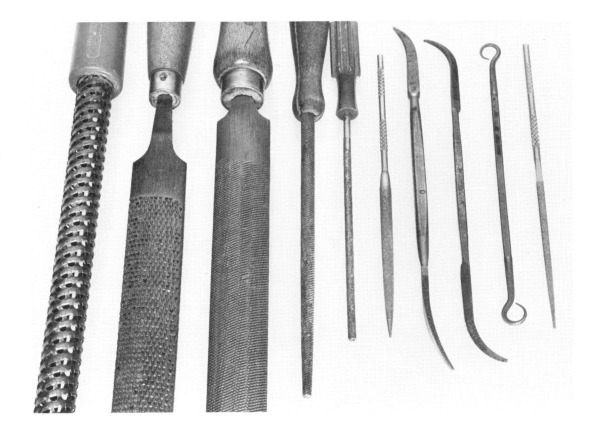

Fig. 12
A. Surform-Raspel
B. Raspel
C: Halbrundfeile
D. Rundfeile
E. Schlüsselfeile
F. Diamantfeile
G. Riffelfeile
H. Riffelfeile
I. Riffelfeile
J. Diamantfeile

sen und Feinheitsgraden erhältlich. Sie sind sehr nützlich, um Schnittspuren vor dem Schleifen zu entfernen sowie für das eigentliche Formen gewisser Teile. Es ist gut, über verschiedene Sorten Feilen, von den grossen, groben Bastarden bis zu den kleinen, feinen Nadelfeilen, zu verfügen. Riffelfeilen sind sehr kleine, gebogene Feilen, die zum Säubern von Ecken und Höhlungen wertvoll sind. Man sollte Riffelfeilen des Werkzeugmachers, die für Metall gebraucht werden, kaufen, denn diejenigen mit den groben Zähnen einer Raspel sind ziemlich nutzlos. Ein weiterer ausgezeichneter Feilentyp ist die Diamantfeile. Das sind Nadelfeilen, auf deren Nickeloberfläche Diamantstaub aufgetragen wurde. Ihr grösster Vorteil gegenüber gewöhnlichen Feilen ist der, dass sie in jeder Richtung schneiden und eine Oberfläche hinterlassen, die wie geschmirgelt aussieht. (Siehe Fig. 12).

Punzen
In der Vergangenheit wurden Punzen häufig zum Schaffen eines Oberflächenmusters verwendet; an einem deutschen Lindenholzrelief wurden 26 verschiedene Typen gebraucht. Es sind heute 40-50 Typen erhältlich, aber ich glaube, dass sie selten gebraucht werden. Manchmal bringen sie gute Effekte, aber ich mache meine eigenen Punzen gewöhnlich aus Silberstahl. (Fig. 13).

Rotorfräser

Es gibt verschiedene Sorten und Qualitäten von Fräsen, von denen Fig. 14 eine Auswahl zeigt. Diese kleinen vielfach ausgekeilten Schneider mit Stiel gibt es vom winzigen Zahnarztbohrer bis zu ziemlich grossen raspelähnlichen Fräsen. Es gibt Diamantfräser, Wolframfräser, kleine Schleifsteine, Schmirgel- und Trennscheiben. Sie werden normalerweise mit einem Biegewellenantrieb (Fig. 15) gebraucht, der zwischen 3000 und 30000 Umdrehungen pro Minute leistet. Ich brauche ihn für gewisse Arbeiten, wie Unterschneiden und zerbrechliche Details, wo er Dinge fertigbringt, die mit dem Beitel fast unmöglich wären. Einige Leute verwenden nichts anderes.

Messer

Diese werden in Grossbritannien viel weniger gebraucht als in Amerika, wo eine Vielzahl von Formen und Typen erhältlich ist und äusserst komplizierte, detaillierte Figuren damit gearbeitet werden. Viele der Klingen können aus einem ge-

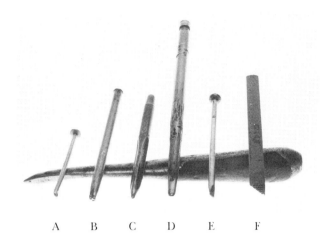

Fig. 13 Punzen.
A. Ringförmige Punze. Aus einem Nagel hergestellt
B. Dreiring-Punze aus einer Stahlstange
C. und D. Rundnasen-Punze für die Ukibori-Technik
E. Strich-Punze. Aus einem Nagel hergestellt
F. In der Fabrik hergestellte Punze. Dient zur Tönung des Hintergrundes beim Reliefschnitzen.
G. Ukibori-Punze für gerade Linien. Druck von Hand. Hergestellt aus einem Schraubenzieher.

Fig. 14 Fräser. Für Biegewellenantrieb. Erhältlich in Werkzeugstahl, Schnellstahl und hartmetall- oder diamantbestückt.

Fig. 15

30 TECHNIKEN DES KREATIVEN HOLZSCHNITZENS

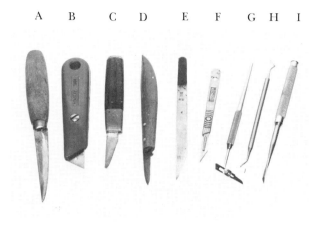

Fig. 16
A. Schwedisches Kerbschnitzmesser
B. Stanley-Messer
C. Amerikanisches Kerbschnitzmesser
D. Deutsches Kerbschnitzmesser
E. Laminiertes japanisches Stahlmesser
F. Chirurgisches Skalpell
G. Zahnarzt-Skalpell mit austauschbarer Klinge
H. Zahnarzt-Schaber
I. Zahnärztlicher Knochenmeissel

Messinstrumente

Neben den herkömmlichen Messband und Massstab empfehle ich einen grossen und einen kleinen Tasterzirkel und vielleicht eine Schieblehre, da man auf ihr die Masse ablesen kann. Sehr nützlich ist ein Verhältnis-Tasterzirkel. Dieser hat Messpunkte an beiden Enden und einen verschiebbaren Zapfen, mit dem man verschiedene Masse zwischen den beiden Messpunktpaaren einstellen kann. Man kann damit Masse direkt von einer Photographie oder einer Zeichnung auf die Skulptur übertragen. (Fig. 17).

Es gibt noch viele andere Werkzeuge, die man von Zeit zu Zeit gebraucht: Hobel, um das Holz zum Leimen vorzubereiten, Sägen, Bohrer, Schleifmaschinen usw. Was Sie nicht haben, müssen Sie sich ausleihen und gelegentlich kaufen.

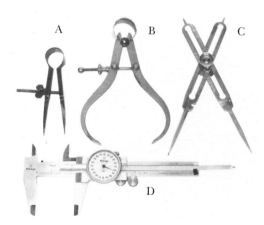

Fig. 17
A. Zirkel mit Stellschraube
B. Aussentaster
C. Verhältnis-Tasterzirkel
D. Schiebelehre

wöhnlichen Messer oder einem Stück Werkzeugstahl in die richtige Form geschliffen werden. Die Technik für den Gebrauch von Schnitzmessern ist grundlegend verschieden von der für den Gebrauch von Hohleisen. Das Werkstück hält man gewöhnlich in der Hand und schneidet gegen sich, wobei die Kraft aus dem Daumen kommt. Obwohl man Schnitzen und Schnitzeln klar unterscheidet, sehe ich keinen Grund, warum die beiden Techniken sich nicht ergänzen sollten. (Fig. 16).

4. Schärfen

Ich glaube, es ist falsch, eine Formel für das Schleifen von Schnitzwerkzeugen aufzustellen. Bei einem stumpfen Beitel oder einem flachen Stück Eisen nimmt man einen vollkommen flachen Ölstein. Wenn der richtige Winkel beibehalten und der Stahl mit gleichmässigem Druck hin und her gerieben wird, sollte daraus ein vollkommener Schrägschliff resultieren und damit eine vollkommene Schneidekante. Wegen der Vielzahl verschiedener Rundungen bei Schnitzwerkzeugen ist diese Perfektion äusserst schwierig zu erreichen. Zuerst muss man die Grundregeln des Schärfens verstehen.

Schleifsteine werden nach der Grösse ihrer Körner eingeteilt: je kleiner die Körner desto feiner der Stein, desto schärfer wird die Kante. Die Körnchen spanen das Metall ab und hinterlassen einen dünnen Stahlfaden auf der Kante. Wenn die Verbindung zwischen Faden und Abschrägung bricht, so ist die Abbruchkante am Beitel die Schnittkante. Je feiner der Schleifstein, desto dünner ist diese Verbindung, wenn sie bricht, und desto schärfer ist die Schnittkante. Der Faden wird durch Hin- und Herbiegen abgebrochen, indem man auf der Aussenseite den Ölstein und auf der Innenseite den Abziehstein benutzt. Es dürfte klar sein, dass dies auf einem etwa 3 mm U-förmigen Hohleisen nicht einfach zu machen ist.

Der am feinsten gekörnte, leicht erhältliche Schleifstein ist der japanische Wasserstein, der bis zu 6000 Körner hat. Diese hinterlassen eine spiegelglatte Oberfläche auf dem Stahl. Leider ist er so weich, dass die dünne Kante eines Hohleisens sich rasch in die Oberfläche pflügt. Der nächste feine Stein ist der harte schwarze Arkansas-Stein. Dies ist ein natürlicher Stein, der in Amerika von einem Spat Noviculit gebrochen wird, der aus fast reinem Quarz besteht. Er ist äusserst hart, mit Stahl so gut wie nicht zu zerkratzen und bezüglich seiner Feinheit sehr schnell schleifend. Er ist teuer, aber Sie brauchen ja nicht eine ganze Steinbank, und er wird Ihnen für viele Jahre perfekte Kanten schleifen und ist so seinen Preis wert. Andere Steine sind meiner Meinung nach nicht erwähnenswert, ausser einem etwas gröberen Stein, um die grossen Mengen Metall beim Zuschleifen eines Hohleisens abzutragen. Zuletzt zieht man das Hohleisen über einem Stück Leder ab, das mit feinem Schleifpulver bestreut ist und so den oben erwähnten 6000 körnigen japanischen Stein ersetzt. In Fig. 18 und 19 ist eine Auswahl Schleifsteine, Abziehsteine und Abziehriemen abgebildet.

Zum Schleifen hält man das Hohleisen in beiden Händen; die Abschrägung liegt auf dem Ölstein auf; das Werkzeug wird

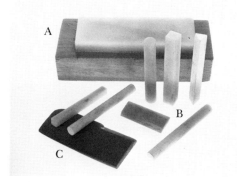

Fig. 18. Oelsteine.
A. Weisser Akransasstein in Zedernholzschachtel
B. Auswahl von Arkansas Schleifsteinen
C. Mehrzweck-Schleifstein

Fig. 19 Streichriemen.
Hergestellt aus Leder, das auf vorgeformte Holzstücke aufgeklebt ist.

auf der Oberfläche hin- und herbewegt, während man es um die Rundung der Abschrägung dreht. (Fig. 20, 21 und 22). Dies sollte den Stahl gleichmässig abschleifen und eine Fadenkante entlang der Rundung produzieren. In ungeübten Händen geschieht es jedoch immer wieder, dass die Ecken des Hohleisens sich am Stein verfangen und so abgerundet werden, oder dass sich ein bestimmter Teil der Rundung schneller abträgt, was zu einer gewellten Schnittkante führt. Bei tief gerundeten Hohleisen kann man in der Mitte der Rundung dann tiefe Einschnitte sehen, während bei leicht gerundeten Hohleisen die Ecken stark zurückgeschliffen werden, was zu einer gebogenen Schnittkante führt. Bei sehr kleinen Hohleisen hat das katastrophale Folgen. Obwohl die oben erwähnte Methode angewendet werden muss, müssen die Auswirkungen auf die Kante sorgfältig und sehr genau überwacht werden. Jeder Werkzeugschleifer, der hochentwickelte Maschinen benutzt, prüft das Ergebnis regelmässig mit einer Juwelierlupe. Jede kleinste Abweichung von der geraden, glatten Schnittkante muss augenblicklich mit je nachdem mehr oder weniger Druck ausgeglichen werden. Kleinere Hohleisen können gut auch gegen das Licht gehalten werden, wobei dann der Ölstein zum Werkzeug geführt wird. Passen Sie auf, dass Sie sich nicht durch den Faden täuschen lassen, da er oft wie festes Metall aussieht, um dann plötzlich wegzubrechen, wodurch der schlimme Irrtum offenbar wird.

Gleich problematisch sind die Abziehsteine. Sie passen nie genau in die Hohleisen. Wenn man nicht vorsichtig ist, nimmt man mit zu grossen Abziehsteinen die Ecken ab und mit zu kleinen macht man tiefe Höhlungen in die runde Kante.

Das V-Eisen wird oft behandelt, als bestünde es aus zwei Kante an Kante liegenden Beiteln und wird dann auch so geschliffen. Dadurch entsteht ein Dorn, der an der Spitze des V heraussteht. Der dreieckige Abziehstein verschlimmert dies noch, indem er gerade oberhalb des Dorns zwei Höhlungen hinausschneidet.

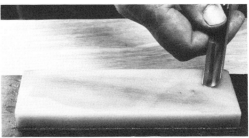

Fig. 20

Fig. 21

Fig. 22

Das Ergebnis ist nutzlos. Das V-Eisen muss wie ein winzig kleines Hohleisen behandelt werden, dessen zwei Seiten sich in lange ebene Flächen ausdehnen. Ziehen Sie die Ebenen unter allen Umständen wie Flachbeitel ab, aber rollen Sie das V wie ein Hohleisen. Führen Sie den Schleifstein sorgfältig, «kitzeln» Sie die Kante damit, und reiben Sie ihn nicht nur auf und ab. Grundsätzlich müssen Sie einfach an der Kante arbeiten, bis sie stimmt. (Fig. 23 und 24).

Die Frage, wie lange oder in welchem Winkel die Abschrägung sein sollte, ist umstritten. Einige Fachautoritäten behaupten, dass man für schwere Arbeit und hartes Holz kurze Abschrägungen haben sollte, da die dünnen Kanten sonst leicht abbrechen würden. Andere lösen das gleiche Problem, indem sie auf der Innenseite des Hohleisens eine zweite Abschrägung schleifen und so den Winkel der Abschrägung vergrössern. Einige sagen, dass man dies nur bei grossen Hohleisen machen soll, die man zum groben Ausschnitzen braucht, während man für die Feinarbeit lange, dünne Abschrägungen verwenden soll. Die Meinungen gehen auch über den Absatz der Abschrägung auseinander. Die einen sagen, er müsse scharf sein, wie beim Zimmermannsbeitel, die anderen sagen, dass die ganze Abschrägung abgerundet sein soll. Es wird behauptet, die Innenfase diene dazu, die Schnittkante in der Dicke des Stahls zu zentralisieren, um grössere Genauigkeit zu erreichen und zu vermeiden, dass sich das Werkzeug im Holz eingräbt statt Späne auszuwerfen. Die verschiedenen Meinungen über die Abschrägung von Schnitzwerkzeugen scheinen endlos.

Meiner Meinung nach brauchen verschiedene Schnitzer verschiedenes Holz für unterschiedliche Zwecke, und sie schleifen demgemäss ihre Werkzeuge. Die Schweizer Schnitzer, die hauptsächlich weiches Linden- oder Tannenholz verwenden, brauchen lange, dünne Abschrägungen, um dünne, feine Schnitte zu machen. Der englische Schnitzer, der in Eiche arbeitet und tiefe, schwere Schnitte für Kirchenbänke macht, braucht eine stärkere Abschrägung und ein schwereres Werkzeug. Ich persönlich brauche eine lange Abschrägung ohne Innenfase. Es ist wahr, dass sie bei einigen Holzarten schnell stumpf werden, aber ich kann meine Werkzeuge nicht für jedes Werk umschleifen.

Was beim Schärfen wichtig ist, ist das Folgende: Ohne scharfe Werkzeuge werden Sie kein befriedigendes Werk vollbringen, und man sieht es dem Werk an. Schnitzwerkzeuge müssen ständig geschliffen werden, nicht jede Woche oder jeden Tag, sondern alle paar Minuten, wenn sie in Gebrauch sind. Das scheint eine beschwerliche Sache zu sein. Wir neigen alle zur Bequemlichkeit und vermeiden ärgerliche, sich wiederho-

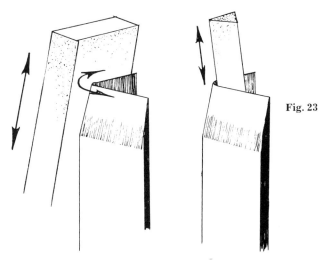

Fig. 23

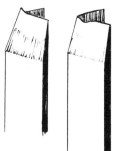

oben links: Schärfen der Aussenseite eines V-Eisens.
Die Ecke wird rund geformt.

oben rechts: Schärfen der Innenseite eines V-Eisens

unten links: Dieser Dorn ist durch falsches Schleifen entstanden, weil die beiden Seiten wie ein Flacheisen geschärft wurden.
unten rechts: Schnittkante mit Einbuchtung, entstanden durch ungenaue Führung des Schleifsteins.

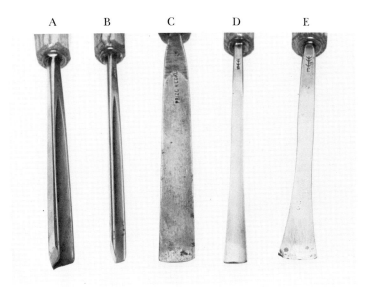

Fig. 24. Schnitzwerkzeuge.
A. Schlecht geschärftes V-Eisen mit Dorn und Einbuchtung
B. Richtig geschärftes V-Eisen
C. Schlecht geschärftes Hohleisen mit unregelmässiger Schnittkante
D. Richtig geschärftes Hohleisen.
E. Durch Bearbeitung von afrikanischem Hartholz beschädigte Schnittkante.

Fig. 25. Schleifmaschine

lende Tätigkeiten. Die Lösung darauf ist, das Schärfen einfach zu machen.

Ich schärfe alle meine Werkzeuge auf einer Maschine, die die Arbeit von zwei Minuten in fünf Sekunden erledigt. Die Vorrichtung, die an der Seite des Werkbankes in Fig. 2 und Fig. 25 zu sehen ist, besteht aus einem 1/4 PS Motor mit einem Spannfutter auf dem zwei Flansche für einen Schleifstein angebracht sind. Diese sind leicht erhältlich für verschiedene Schaftgrössen. Hinzu kommen drei auf der Welle aufsetzbare Scheiben aus Sperrholz. Auf die eine wird ein 120er Schleifpapier geklebt, auf die andere ein 180er und auf die dritte klebt man Leder, das mit Krokuspulver bestreut wird.

Das Hohleisen wird genau gleich auf der Drehscheibe gehalten wie auf dem Ölstein. Indem man vom äusseren Rand der Scheibe gegen das Zentrum geht, verringert sich die Oberflächengeschwindigkeit beinahe auf Null, und man hat so völlige Kontrolle über den Schleifvorgang. Die 120er Schleifscheibe wird nur gebraucht, um grosse Mengen wegzuschleifen. Die 180er Schleifscheibe ersetzt den Ölstein. Das Leder ist ein Hochgeschwindigkeitsabziehriemen, welcher, wenn man ihn regelmässig benutzt, ein Hohleisen für viele Arbeitsstunden scharf hält. Die Innenseite des Hohleisens wird mit einer Leder- oder Hartfilzscheibe abgezogen, die, ebenfalls mit Krokuspulver behandelt, zwischen den Flanschen eingespannt ist. Die ganze Vorrichtung ist an der Seite des Werkbankes befestigt und mit einem handlichen Schalter versehen. Das Scharfhalten von Werkzeugen wird so zu einer kleineren Aufgabe und günstiger als ein Ölstein. Es gibt ausgezeichnete Nassschleif-Maschinen auf dem Markt, die äusserst scharfe Kanten an Werkzeugen schleifen. Die Preise variieren, die angewandte Methode ist grundsätzlich die gleiche, aber meines Wissens bietet keine die Möglichkeit, die Innenseite des Hohleisens zu schleifen.

5. Polieren und Aufstellen

Die Oberfläche einer Skulptur mag nicht so wichtig sein wie bei einem Möbel, aber es gelten die gleichen Grundsätze. Es gibt keinen einfachen Weg, um eine gute Oberfläche zu erhalten. Die Arbeit muss entweder in der Vorbereitung oder beim Polieren getan werden. Natürlich ist es eine Arbeit von Sekunden, ein Werk mit Teaköl einzureiben, aber der kleinste Fehler in der Oberfläche wird sichtbar sein. Die Möbelpoliturtechnik andererseits ist zeitaufwendig und schwierig, aber sie hat eine gewisse auftragende und «verschönende» Wirkung. Wachspolitur braucht Zeit, um einen guten Glanz zu ergeben.

Es gibt so viele Möglichkeiten der Oberflächenbehandlung von Holz, dass darüber Bücher geschrieben wurden, und auch sie geben jeweils nur eine Methode an. Ich kann nur diejenigen auflisten, die ich selber angewandt habe und verweise den Leser auf eine spezielle Literatur, um mehr herauszufinden.

Wie ich schon sagte: Die Vorarbeit ist das Wichtigste. Das Schleifen einer Skulptur bis zur Perfektion kann Tage dauern, manchmal länger als das Schnitzen. Eine gute Oberflächenbehandlung kann beinahe gleich lang dauern.

Wachspolitur
Nach sorgfältigem Schmirgeln auch mit feinstem Glaspapier oder Werkzeug muss das Holz versiegelt werden. Ich verwende braunen oder weissen Schellack-Versiegler, obwohl verdünnter Polyurethan-Lack wahrscheinlich auch dienen würde, doch Schellack lässt sich sehr leicht wieder abschmirgeln. Wenn er trocken ist, lässt er sich mit Mehlpapier oder feiner Stahlwatte abreiben. Entstauben Sie das Werk gewissenhaft, und wachsen sie es ein. Wachspolituren sind in grosser Auswahl erhältlich. Sie enthalten mehr oder weniger von diesem oder jenem Wachs und sind in dieser oder jener Flüssigkeit gelöst. Aus Bienenwachs und Terpentin können Sie auch Ihre eigene Politur machen, doch ich fand sie immer schwierig zu gebrauchen. Es ist wichtig zu wissen, dass einige Polituren in Sekunden trocknen und sofort abgerieben werden müssen. Das ist gut für eine Tischoberfläche, aber bei Skulpturen werden Wachsablagerungen in Ecken und feinen Details sehr hart und weiss, und Sie können Stunden damit verbringen, sie mit einem Messer herauszukratzen oder Sie müssen die ganze Skulptur in Terpentin waschen.

Wachspolitur wird meiner Ansicht nach am besten mit einer Zahnbürste oder einem Borstenpinsel aufgetragen, wobei darauf zu achten ist, dass sich keine Ablagerungen in den Ecken bilden. Danach poliert man mit einer ähnlichen, sauberen Bürste und reibt das Ganze mit einem sauberen Staublappen ab. Das Ergebnis sollte ein hübscher Glanz sein, der wahrscheinlich nach ein bis zwei Wochen wieder verschwunden ist. Der Prozess muss drei- bis viermal über ein bis zwei Wochen wiederholt werden, und ein gelegentliches Wachsen ist alle paar Wochen nötig. Wenig aber oft ist viel besser als einmal eine grosse Menge. Nach einem Jahr, wenn das Holz ausgereift und geschmeidig ist und einen glatten Glanz hat, sollte Ihre Skulptur doppelt so gut aussehen, als damals, als Sie sie geschaffen hatten. Wenn sie andererseits nicht mehrmals eingewachst wurde, was oft geschieht, wird sie stumpf, trocken und hat womöglich Risse.

Lacke

Moderne synthetische Harze und traditionelle Lacke werden für Holzschnitzereien als schlecht betrachtet. Wenn eine Skulptur jedoch im Freien stehen soll, so sind sie wirklich der beste Holzschutz. Wenn Polyurethan-Lack spärlich in verdünnter Form aufgetragen wird, ergibt das eine ausgezeichnete Oberfläche, die äusserst dauerhaft ist. Sie muss nicht wie Melasse aussehen.

Öle

Dänisches Öl, Teaköl, chinesisches Holzöl und andere Markenöle zur Oberflächenbehandlung werden direkt auf das Holz aufgetragen und steigern die Intensität der Farbe und der Maserung. Sie haben auch den Vorteil, dass man nach dem Ölen wieder schnitzen und schmirgeln kann, ohne dass etwas sichtbar wird, wenn man nachher wieder einölt. Bei vielen anderen Oberflächenmitteln ist dem nicht so. Sie ergeben jedoch nur einen schwachen Glanz, und Staub neigt dazu, in den Ecken kleben zu bleiben.

Leinsamenöl ist anders. Ich braue ein Gemisch aus gekochtem Leinsamenöl und Terpentin und erhitze es in einem Doppelkocher auf ungefähr Kochtemperatur. Mit einer Bürste reibe ich das Holz damit ein, lasse es ein paar Stunden eindringen und wische es dann gründlich wieder ab. Je nach Umgebung lasse ich es ungefähr eine Woche trocknen. Wenn die Oberfläche vollständig trocken ist, reibe ich sie mit feiner Stahlwatte ab. Dies ergibt eine seidige, glatte, glänzende Oberfläche. Die feinste Schicht Wachs ergibt nun einen guten, dauerhaften Glanz mit einer viel reicheren und tieferen Farbe, als Wachs allein gebracht hätte. Das Holz wird auch wasserfest.

Möbelpolitur

Der Prozess ist auch auf glatten Flächen schwierig genug. Für Skulpturen verwendet man am besten die speziell dafür erhältlichen Bürsten und trägt ganz feine, verdünnte Schichten auf. Selbstverständlich wird ein Möbelpolitur-Experte eine schöne Oberfläche hervorbringen mit Methoden, die er nicht weitergeben wird. Es kann gut aussehen, wenn es fachgerecht poliert wurde, doch kann man die ganze Skulptur ruinieren.

Farbe

Ich habe sehr wenige Skulpturen mit Farbe behandelt. Um ein Lindenholzpferd zu schwärzen, habe ich es schwarz gebeizt; dann gab ich ihm drei oder vier Anstriche mit matter, schwarzer Farbe. Nach jedem Anstrich rieb ich es mit Mehlpapier ab und polierte schliesslich mit Wachspolitur. Das Ergebnis war ausgezeichnet: fast eine schwarze Bronze.

Die Hauptschwierigkeit liegt darin, dass die Poren des Holzes durch die Farbe sichtbar bleiben, weshalb sie sehr gut eingerieben werden muss.

Bemalte Holzskulpturen waren jedoch eher die Norm als die Ausnahme. Und es wird immer noch oft gemacht.

Natürlich bestimmt in gewissem Mass die Skulptur, was für eine Oberflächenbehandlung man anwenden soll. Einige feine Details mögen dem für das Einwachsen nötigen Einreiben nicht widerstehen, und einige Skulpturen sehen sehr gut aus ohne jede Politur.

Das Letzte, was die Skulptur erhält, ist der Ständer, die Fussplatte oder der Sokkel. Wofür Sie sich entscheiden, ist völlig subjektiv, hat aber grosse Bedeutung für die Wirkung der Skulptur. Es gilt, verschiedene Punkte in Betracht zu ziehen, die Ihre Entscheidung beeinflussen können. Wenn Sie den endgültigen Standort Ihrer Skulptur kennen, müssen Sie ihm Rechnung tragen. Ferner können die Wünsche des Kunden oder die Verfügbarkeit und Kosten des Materials einen Einfluss haben. Natürlich bildet die Skulptur oft ihr eigenes Fundament, wie die Krötenfigur aus dem Projektteil, oder sie braucht keines, wie das Stilleben. Der wirkliche Unterschied liegt in der Reaktion des Betrachters auf die Skulptur. Wenn das Pferd auf seinen eigenen Beinen auf einem Tisch steht, wird es als Schmuckstück geschätzt; steht es auf einem polierten Holzsockel, wird es als Kunstwerk ernstgenommen, und wenn es auf einer Marmorplatte mit graviertem Messingschild steht, wird es für das Porträt eines bestimmten Rennpferdes gehalten und erhält mehr sozio-historische als künstlerische Bedeutung. Die Raupe andererseits sähe auf einem Marmorsockel ziemlich lächerlich aus.

Ich finde, es sollte ein Kontrast bestehen zwischen der Skulptur und dem Sockel, entweder durch das Material, die Farbe oder die Oberflächenbeschaffenheit. Der tief braune, eichene Ponykopf steht auf einem fein polierten Block weisser Eiche. Er ist ein funktionales Fundament für ein einfaches Tierporträt, dessen Name später hinzugefügt wird. Der Kontrast ist beschränkt auf die Farbe des Holzes und die Ebenheit der Oberflächen. Beim Stachelrochen geht der Kontrast weiter: Die grüne und weisse Marmorbasis, die an schäumendes Meerwasser denken lässt, ergibt einen Kontrast in Form, Farbe und Material, während die Oberflächenbeschaffenheit grundsätzlich noch gleich ist. Beim Geierfalken geht der Kontrast am weitesten. Der Falke steht auf einem grauweissen, unpolierten Marmorstück, das sich in Material, Farbe, Form und Oberflächenstruktur von der Skulptur unterscheidet.

Weiter muss man sich für die Grösse des Sockels entscheiden. In einer Kunstgalerie können Sie winzige Skulpturen auf riesigen Sockeln sehen oder überlebensgrosse Figuren, die direkt mit den Füssen auf dem Boden stehen. Der Harlekin steht auf einem Block Bergahorn, der etwa 200 mm hoch ist. Seine Füsse ragen hinten und vorne über den Rand hinaus, mit anderen Worten, er steht auf einer vierkantigen Säule, die für ihn zu klein ist, um darauf zu stehen, aber unverhältnismässig hoch ist. Ich fand, dass dadurch das Gefühl, dass er läuft, verstärkt wird und die ganze Figur leichter wirkt. Der schwarze Stier hat eigentlich keinen richtigen Sockel, sondern nur 12 mm ostindischen Palisander unter seinen Füssen. Abgesehen davon, dass die Einheitlichkeit der Serie, zu der er gehört, es so verlangt, glaube ich, den Eindruck eines grossen, starken Tieres zu verstärken, wenn der Sockel, auf dem es steht, klein ist. Den Torso kann man entweder frei stehen lassen oder auf eine meterhohe Säulenplatte stellen.

Es gibt keine Formel für das erfolgreiche Aufstellen von Skulpturen. Betrachten Sie die Werke in Kunstgalerien, Geschäften, Handwerksausstellungen usw., und Sie werden sehen, was gut ist und was nicht.

Projektteil

6. Torso

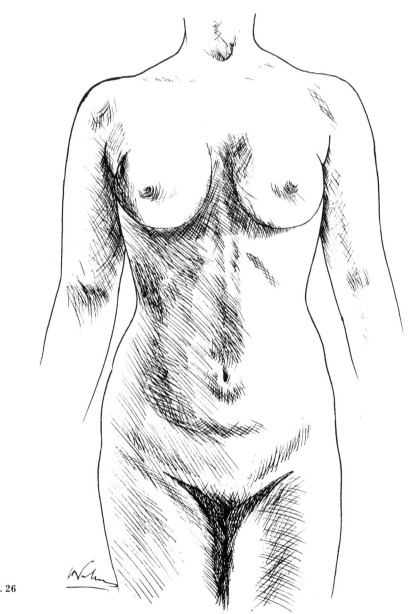

Fig. 26

Es hat wenig Sinn, nur um des Schnitzens willen zu schnitzen und nicht einen höheren Sinn dahinter zu sehen. Es hat auch wenig Sinn, einen natürlichen Gegenstand perfekt kopieren zu wollen, da dies von vornherein zum Scheitern verurteilt ist. Was abschätzig «sklavische Imitation» oder Natur genannt wird, ist jedoch der bewusste oder unbewusste Versuch des Künstlers, einen besonderen Aspekt der Natur, der ihn inspiriert hat, einzufangen und in ein Medium umzusetzen. Irgendwo zwischen Inspiration und Umsetzung wird der Genius des Künstlers oder auch dessen Fehler offenbar. Als Holzschnitzer sind Ihre Ausdrucksmöglichkeiten nicht unbegrenzt – natürliche Grenzen sind durch Ihr Medium, das Holz, gesetzt. Farben zum Beispiel sind begrenzt, es sei denn, Sie bemalen Ihre Skulpturen; das Darstellen von Bewegungen ist eingeschränkt, während Geräusche und Gerüche überhaupt nicht existieren. Viele Effekte, die dem Maler zur Verfügung stehen, wie zum Beispiel das Schaffen von Weite, Luft, Licht, die Bewegungen von Körpern, Kleidern, Tieren oder Wasser; Stimmungen, Einstellungen und Realismus – all dies oder jedenfalls das meiste davon ist dem Holzschnitzer verwehrt, obwohl Versuche gemacht wurden, Menschenmengen und Landschaften zu schnitzen. Was Sie haben und zu Ihrem Vorteil einsetzen müssen, sind Formen, Gewebestrukturen, Stichmuster und einige andere subtilere Dinge. Grösse und Massstab der Skulptur sind wichtig – sehr kleine Werke haben nie die monumentalen Eigenschaften von grossen Werken, aber überlebensgrosse Figuren zeigen oft eine unbefriedigende Wirkung. Es gibt keine Formel, doch das ist es eben, was die Kunst ausmacht. Wichtig ist, dass Sie die Grösse Ihrer Skulptur berücksichtigen, ebenso die Holzart, die Maserung und die Schnitztechnik.

Für das erste Projekt wählte ich ein Sujet, das so bekannt ist, dass jeder in der Lage ist, seine eigene Informationsquelle zu finden – den menschlichen Körper, besser gesagt den weiblichen Torso. Wohl kaum ein anderes Sujet ist mehr abgebildet worden. Studieren Sie die Gemälde, Zeichnungen und Skulpturen der Vergangenheit und der Gegenwart, und beachten Sie die unendliche Vielfalt der Möglichkeiten, um an das Thema heranzugehen. Unser Gegenstand muss einfach sein, ohne Details und in einer Grösse, die die ersten Schritte in die Holzschnitzerei erleichtert.

Als eine einfache Übung zur Abstraktion wird der Torso als eine Serie ineinandergreifender runder Formen behandelt, wobei die kleineren Falten und Grübchen weggelassen werden. Dies soll kein Versuch sein, eine naturgetreue Figur zu schaffen. Einige Aspekte wurden besonders hervorgestrichen oder dort eingesetzt, wo sie normalerweise nicht erscheinen. So ist zum Beispiel der Rumpf länger als in Wirklichkeit und, einige der Muskeln und Knochen wurden stärker betont. Dies sind subjektive Entscheidungen, die von jedermann selbst gemacht werden müssen.

Es ist ein ziemlich stark gemasertes Holz erforderlich, um in die grossen ebenen Flächen Abwechslung zu bringen und die Formen zu betonen. Es stand mir ein alter Pechkieferbalken zur Verfügung, und obwohl ich normalerweise Weichhölzer vermeide, dachte ich, dass für diese vereinfachte Form seine ausgeprägte Maserung ideal sei. Auch würden seine Ausmasse eine ziemlich grosse Skulptur ergeben, was den etwas statuenhaften Eindruck ergibt, der mir vorschwebte. Falls kein grosser Block vorhanden ist, glaube ich, könnte man in diesem Fall ein nicht gelagertes Holz in Betracht ziehen. Schliesslich ist es ja auch ein erster Versuch, der vielleicht als Brennholz endet. Wird das grüne Holz immer luftdicht abgeschlossen in einem Plastiksack aufbewahrt, wenn nicht daran gearbeitet wird, können starke

Risse vermieden werden. Wird die vollendete Figur geschliffen und anschliessend mit mehreren Lackschichten überzogen, besteht eine gute Chance, dass sie ohne Risse überlebt, vorausgesetzt, sie wird vor Trockenheit und Hitze geschützt. Ich habe dies erfolgreich mit einem 152 mm dicken Zwetschgenbaumholz getan, das frisch vom lebenden Baum geschnitten wurde.

Entwurf

Zuerst müssen Sie eine Vorlage haben. Sie werden staunen, was Sie alles über den menschlichen Körper nicht wissen. Für den Frauentorso in diesem Projekt benutzte ich Photographien der Vorder-, Hinter- und Seitenansicht, die ich einem Anatomiebuch entnahm. Dies waren ziemlich kleine Bilder, weshalb ich sie vergrössern liess. Das ist recht einfach und wird in Zukunft oft gemacht werden müssen. Zeichnen Sie ein Gitternetz auf die Photos, in diesem Falle mit 5 mm Häuschen; dann zeichnen Sie ein Gitternetz mit so grossen Häuschen, wie der Bildgrösse Ihrer Skulptur entspricht. Übertragen Sie dann die Umrisse der Photo Quadrat um Quadrat auf Ihr grösseres Netz. So erhalten Sie ohne grosse Fertigkeit eine ziemlich genaue Zeichnung. Tun Sie dies für die Vorder- und Seitenansicht. Dann übertragen Sie diese Profile auf zwei aneinandergrenzende Seiten Ihres Holzblocks. Kohlepapier eignet sich dazu am besten. Vergewissern Sie sich, dass die zwei Zeichnungen auf dem Block genau in einer Linie liegen.

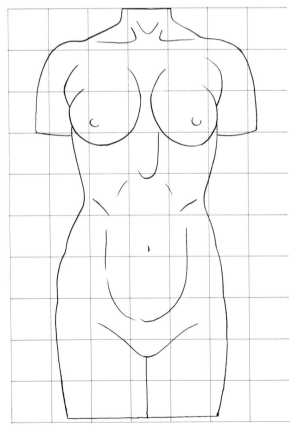

Fig. 27

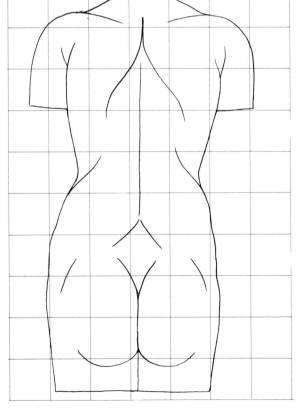

Fig. 28

Aussägen

Die Profile werden nun von zwei Seiten her mit der Bandsäge ausgesägt. Sägen Sie zuerst das Seitenprofil, da es ziemlich gerade ist und der Abfall in ein oder zwei grossen Stücken entfernt werden kann. Wenn das getan ist, befestigen Sie die Abfallstücke wieder am Block, womit Sie auch die Zeichnung des Frontprofils wieder auf dem Block haben. Es ist wichtig, dass diese Zeichnungen sehr genau miteinander übereinstimmen und auch exakt auf dem Block aufgetragen sind. Jedes schlechte Ausrichten führt zu einer Katastrophe. Nun kann das zweite Profil ausgesägt und aller Abfall entfernt werden. Das Ergebnis ist ein ziemlich kantiger, deformierter Torso – aber dennoch als solcher erkennbar. Sie haben nun Fixpunkte, auf die Sie in Verbindung mit Ihren Zeichnungen Bezug nehmen können. So kann man genau abmessen und Teile bestimmen, die entfernt werden müssen. Das ist das Wichtigste beim Aussägen. Teile Ihrer Skulptur sind genau in ihrer Endposition, weshalb ihre Beziehung zum Rest genau festgelegt werden kann. Der Schnitt muss genau auf der Linie oder gerade am äusseren Rand der Linie geführt werden. Das Sägeblatt muss scharf sein und in jeder Richtung rechtwinklig laufen. Man kann auch eine Laubsäge verwenden, aber ich finde sie ungenau, mühsam und in der Grösse begrenzt. Die Bandsäge wird bei jedem Projekt in diesem Buch auf diese Art eingesetzt. Gelegentlich ist es auch möglich, ebensogut noch von oben her zu sägen. Ein einfaches Beispiel ist in den Fig. 30, 31 und 32 abgebildet.

Der Block wurde nun ausgesägt, und, wie in Fig. 33 ersichtlich, ist die Grundform des Torso ziemlich klar erkennbar. Die hauptsächlichen Abfallzonen wurden angezeichnet. Der Ansatz der Beine wird noch nicht abgetrennt, da er nützlich ist, um den Block im Schraubstock festzuhalten. Zuerst entfernt man die Ecken zwischen den Armstümpfen und der Brust beziehungsweise dem Rücken. Dazu verwendet man ein 12 mm Nr. 7 Hohleisen. Ich verwende den Holzhammer zum groben Behauen oder wenn

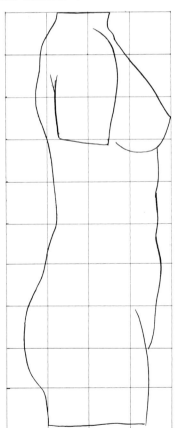

Fig. 29

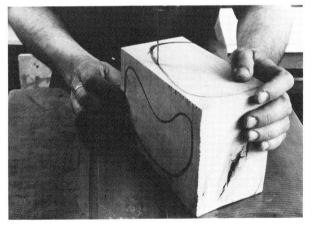

Fig. 30

Fig. 31

Fig. 32

ich an Details tiefe Einschitte mache, wie zum Beispiel den Einschnitt zwischen Lippen beim Porträt oder das Aushöhlen der Haarlinie. Der Handdruck wird eher beim feinen Abtragen, wie zum Beispiel beim Formen der Lippen gebraucht. Einige Schnitzer brauchen den Hammer praktisch die ganze Zeit, während andere fast nur mit der Handballe arbeiten. Diese Methode wurde in der Vergangenheit jedoch für die unter Holzschnitzern verbreitete Krallenhand, verantwortlich gemacht. Dadurch wurden bestimmte Sehnen beschädigt.

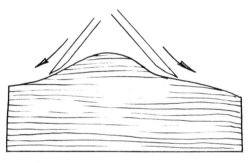

Fig. 34

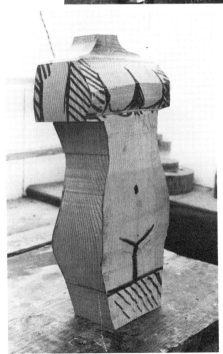

Fig. 33

Wenn immer möglich sollte das Schnitzen gegen den Faserverlauf vermieden werden. Holz lässt sich leicht mit dem Faserverlauf schnitzen, aber es reisst und splittert, wenn man dagegen schnitzt. Wenn Sie die Faserlinien mit Höhenkurven einer Karte vergleichen, dann müssen Sie versuchen immer bergab zu schneiden. (Fig. 34). Das flachere 12 mm Nr. 3 Hohleisen wird gebraucht, um die Teilung zwischen den Beinen und den Brüsten zu schnitzen. Hier schneiden Sie besser quer zum Faserverlauf. Obwohl die Schnitte nicht so sauber werden, wird dadurch verhindert, dass die Hohleisen den Fasern folgen, wodurch lange Späne abreissen können. (Fig. 35).

Fig. 35

Fig. 36

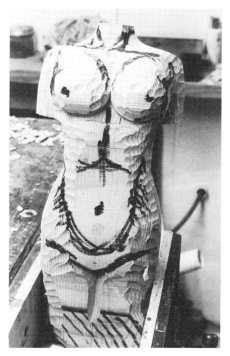

Fig. 37

In der nächsten Phase werden alle Kanten und Ecken mit einem 12 mm Nr. 7 abgerundet. Danach sollte Ihre Skulptur etwa wie in Fig. 36 und 37 aussehen. Nun werden die anatomischen Hauptlinien wie Rückgrat, Schulterblätter, Hintern, Brüste etc. auf das Holz gezeichnet und immer noch mit dem 12 mm Nr. 7 genauer geformt, was zu der naturgetreueren Gestalt in Fig. 38 führt.

Die anatomischen Hauptlinien werden nochmals aufgezeichnet, wie es in Fig. 39 und 40 gezeigt ist. Die Gestalt ist noch nicht vollständig wirklichkeitsgetreu, da die Formen alle noch leicht übertrieben sind. Der Hintern und die Brüste sind stark ausgeprägt. Die Schulterblattlinie verläuft von den Schultern hinunter über die Wirbelsäule und führt nach vorne, um sich mit den Hüften zu verbinden, die dann nach vorne abstossen und um den Bauch herumführen. Der Lendenspalt

46 TECHNIKEN DES KREATIVEN HOLZSCHNITZENS

Fig. 38

Fig. 39

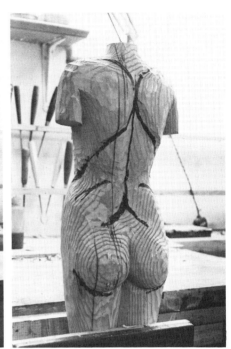

Fig. 40

Fig. 41

Fig. 42

Fig. 43

  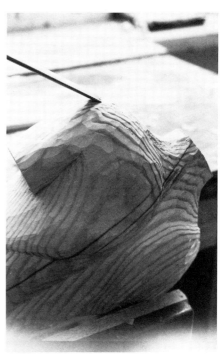

Fig. 44   Fig. 45   Fig. 46

bildet mit den Beinen ein perfektes «Y». Die Linie der Brüste läuft mit der Schlüsselbeinlinie zusammen. Vom Brustkorb führt ein leichter, flacher Abhang zum Bauch hinunter. Der tief eingeschnittene Graben des Rückgrates teilt sich am unteren Ende über dem für Frauen typischen dreieckigen Pölsterchen. Die Fettzone der Flanken verläuft zwischen der Hüftlinie und dem Hintern. Die Hauptlinien werden mit einem 12 mm Nr. 9 geschnitten, während die engeren Falten unter den Brüsten und Armen mit einem 12 mm Nr. 3 eingeschnitten werden. (Fig. 41 und 42).

In Fig. 43 und 44 ist der Torso praktisch fertig. Die Schlussform hängt weitgehend vom Finish ab. Ein geschmirgelter Finish bringt die Form deutlicher hervor als ein mit dem Schnitzwerkzeug vollendeter.

Fig. 45 und 46 zeigen die grundlegende Technik für einen mit dem Schnitzwerkzeug gearbeiteten Finish. In Fig. 45 ist die Oberfläche mit einem 12 mm Nr. 7 Hohleisen tief gekerbt worden, das zum Formen der Schulter gebraucht wurde.

In Fig. 46 sind die Spuren des Hohleisens mit einem 12 mm Nr. 3 ausgeebnet worden. Dies sollte eine Oberfläche von konkaven Facetten ergeben, die, sofern die Hohleisen scharf geschliffen waren, sauber und poliert erscheint. Dieser Vorgang kann fortgesetzt werden, wodurch die Facetten immer flacher werden, bis die Form genau bestimmt ist und dadurch eine gefällige Oberfläche entsteht. Diese Oberfläche darf nicht geschliffen, sondern sollte nur mit Öl oder Wachs eingerieben werden.

Ich persönlich finde, dass eine geschmirgelte und polierte Oberfläche besser zum Sujet passt und eine angenehmere Erscheinung ergibt, weshalb ich den Torso gefeilt, geschmirgelt und schliesslich versiegelt und mit Wachs poliert habe, wie man das in Fig. 47 bei der fertigen Skulptur sehen kann.

48 TECHNIKEN DES KREATIVEN HOLZSCHNITZENS

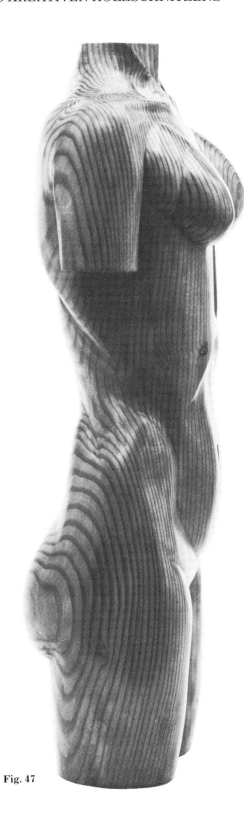

Fig. 47

Verwendete Werkzeuge:
12 mm Nr. 7 Hohleisen
12 mm Nr. 3 Hohleisen
12 mm Nr. 9 Hohleisen

Schraubstock
Feilen
Schleifmittel
INCA-Bandsäge

Holz: Pechkiefer (430 mm × 200 mm × 125 mm)

Zeitbedarf: 3 Tage

Persönliche Arbeitsnotizen

7. Der Stachelrochen

Fig. 48

DER STACHELROCHEN 51

Ein bekanntes Objekt wie der Torso zu schnitzen, ist hauptsächlich eine Frage der Beobachtung, des richtigen Masses und des berechneten Entfernens des überflüssigen Materials. Bei einem unbekannten Wesen, wie dem Stachelrochen, ist das nicht so einfach. Dies hier ist eine frei gezeichnete Interpretation, wodurch der Schnitzer beträchtlichen Spielraum und grosse Ausdrucksfreiheit hat. Trotzdem muss er aber von Anfang an und während der ganzen Arbeit wissen, was er will, um sich nicht in der Abstraktion des Stückes zu verlieren. Hat er die gewünschte Form gefunden, sollte diese, wie bei jedem anderen Werk, als Plan aufgezeichnet werden. Es gibt unzählige Beispiele für dieses Vorgehen in der modernen Bildhauerei, und viele besonders schöne Werke haben daraus resultiert. Wie ich schon zuvor aufgezeigt habe, kann man argumentieren, dass selbst die treuste Abbildung der Natur eine grobe Abstraktion sei.

Im Falle des Rochens hat mich die aussergewöhnliche Form und Bewegung des Fisches fasziniert; gleichzeitig schien es eine gute Übung, die dünne Form der Flügel und den langen zerbrechlichen Schwanz zu schnitzen. Ich habe Zebranoholz mit seiner rosa Farbe und karmesinroten Linien verwendet, da ich dachte, dass ein exotisches Holz gut zu diesem sonderbaren Fisch passe. Es ist zum Schnitzen geeignet, da es ziemlich weich ist und sich sauber und einfach schneiden lässt, obwohl der Leser vielleicht ein stärker gezeichnetes Holz vorzieht, um die fliessenden Linien des Sujets herauszubringen.

Zeichnen Sie die Auf- und Seitenansicht des Rochens und übertragen Sie die Aufsicht auf das Holz. Sägen Sie die Form des Fisches mit der Bandsäge aus, aber lassen Sie ihn durch den dicksten Teil des Schwanzes fest mit dem Brett verbunden, (Fig. 50). Zeichnen Sie die beiden Hauptteile an, die auf der oberen Seite entfernt werden müssen. Diese bestehen aus zwei tiefen Rinnen entlang den Seiten des Körpers. Benutzen Sie ein 12 mm Nr. 9 Hohleisen. Das Holzstück sollte jetzt wie in Fig. 51 aussehen. Nun zeichnen Sie den Abfall auf der Unterseite an, d.h. die beiden keilförmigen Stücke unter den nach oben gebogenen

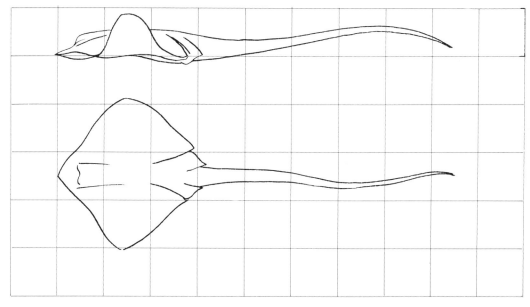

Fig. 49

Fig. 50

Flügeln. An den Spitzen sollten die Flügel noch etwa 6 mm dick sein. Zeichnen Sie auch an, was vorne am Kopf weggeschnitten werden muss, um die Vorderflosse zu formen.

Es braucht ein rechtes Mass an Vorsicht beim Entfernen des Abfalls unter den Flügeln. Arbeiten Sie von den Flügelspitzen gegen den Körper, indem Sie den Fasern entlang hinunterschneiden. Die Skulptur sollte jetzt wie in Fig. 52 aussehen. Nun schneiden Sie mit einem kleinen Hohleisen 6 mm Nr. 9 auf der Oberseite entlang des Körpers ein, und dann nehmen Sie mit einem 12 mm Nr. 3 oben am Rumpf ab, bis der Körper unter dem Niveau der Flügelspitzen ist. Glätten Sie die obere Oberfläche, und verfeinern Sie die Formen, bis sie wellenartig fliessend sind (Fig. 53 und 54).

Fig. 51

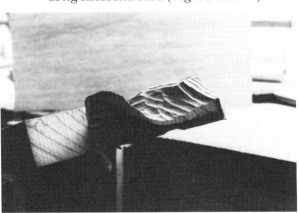

Fig. 52

Fig. 53

Fig. 54

Drehen Sie die Skulptur auf den Rücken, und verfeinern Sie die Form auf der Unterseite. Verdünnern und glätten Sie zuerst die Flügelspitzen, indem Sie sie etwas aushöhlen und an der dünnsten Stelle auf 3 mm reduzieren. Höhlen Sie den Bauch des Fisches aus, und schneiden Sie je eine Furche entlang den Seiten des Rumpfes (Fig. 55). Nun können Sie beginnen, den Schwanz zu formen und die beiden kleinen Flossen am hintern Ende der Flügel einzuschneiden (Fig. 56).

Der Körper sollte nun gefeilt und geschmirgelt werden, da dies eindeutig sicherer und einfacher zu machen ist, solange der Fisch noch mit dem Brett verbunden ist. Zeichnen Sie den Schwanz auf das Brett, und sägen Sie ihn aus (Fig. 57). Dann zeichnen Sie die Seitenansicht des Schwanzes auf den erhaltenen dünnen, flachen Streifen. Dies mit der Bandsäge auszusägen, ist nicht einfach. Am besten legt man den Schwanz auf ein Abfallstück, so dass die Flügel nicht auf dem Tisch aufliegen, und sägt dann den Schwanz mitsamt dem Abfallstück aus. Sie sollten nun einen Rochen mit einem vierkantigen Schwanz haben (Fig. 58).

Den grössten Teil des Schwanzes habe ich mit einem senkrecht in einem Futter montierten Walzenschleifer geschnitzt. Die Zonen nahe dem Körper, die ich so nicht erreichen konnte, habe ich sorgfältig mit einem Messer zugeschnitten. Der Schwanz wurde dann geschmirgelt und der ganze Fisch mit Schellack-Versiegler angestrichen, abgerieben und eingewachst.

Fig. 55

Fig. 56

Fig. 57

Fig. 58

54 TECHNIKEN DES KREATIVEN HOLZSCHNITZENS

Fig 59

Verwendete Werkzeuge:
12 mm Nr. 9 Hohleisen
 6 mm Nr. 9 Hohleisen
12 mm Nr. 3 Hohleisen

Schraubstock
Messer
Feilen
Trommelschleifer
Schleifmittel

Holz: Rosa Zebranoholz
(510 mm × 150 mm × 65 mm)

Zeitbedarf: 2 Tage

Persönliche Arbeitsnotizen

8. Die Kröte

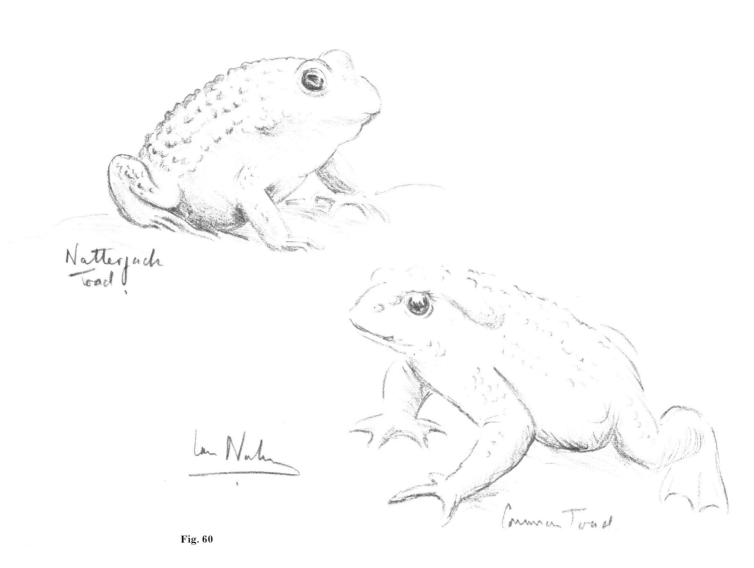

Fig. 60

DIE KRÖTE 57

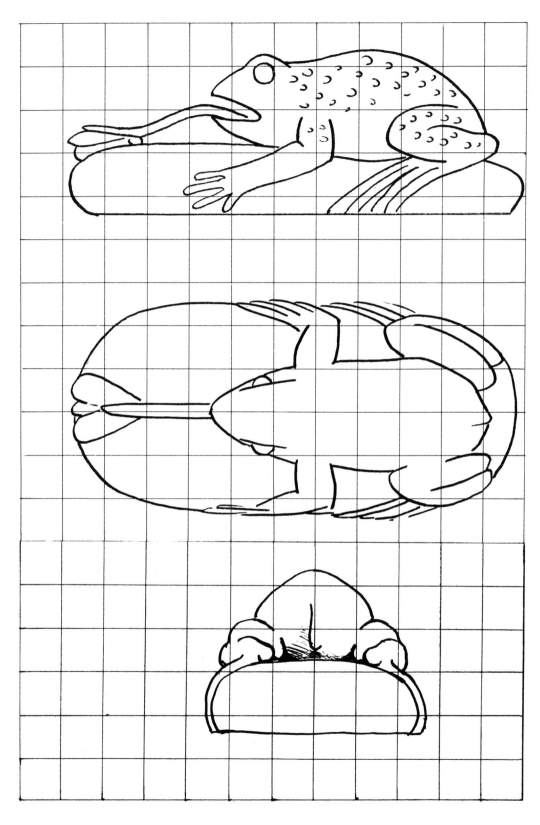

Fig. 61

Diese Kröte dient nur als Vorwand, um die Ukibori-Technik der japanischen Netsuke-Schnitzer zu zeigen. Diese Technik braucht wie alles andere Übung. Das Prinzip ist folgendes: Die Holzfasern werden an einem bestimmten Ort zusammengepresst und ergeben so eine Vertiefung. Das umgebende Holz wird bis auf das Niveau der Vertiefung weggeschnitten, bis man diese nicht mehr sieht. Wenn man die komprimierte Stelle benetzt, quillt das Holz auf, und es entsteht ein Buckel. Ich finde die Technik nützlich für komplizierte kleine Details, wie die Unregelmässigkeit und das Hervorstehen von Venen bei einem Pferd, einem Arm oder einem Bein, die so überzeugend hervorgebracht werden können.

Fig. 62

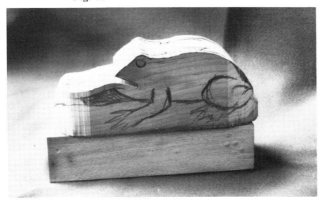

Fig. 63

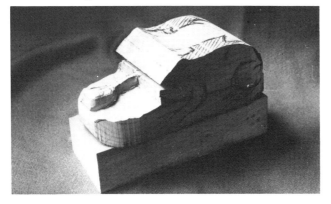

Es gibt nichts besonderes über Ukibori zu sagen, ausser dass es eine einfache, selbstverständliche Technik ist, die in Grossbritannien praktisch unbekannt ist. Das Ziel der Übung ist es, Sie über die verschiedenen Zugänge zum Schnitzen nachdenken zu lassen, über Probleme und Antworten. Man neigt zum Beispiel dazu, die Oberflächenstruktur zu vernachlässigen. In der Vergangenheit wurden viele verschiedene Punzen für die Oberflächenstruktur verwendet. Eine deutsche Tafel weist 25 verschiedene Typen auf.

Experimente mit verschiedenen Hölzern, Werkzeugen, Techniken, Oberflächenbehandlungen usw. erweitern Ihren Horizont als Schnitzer und ermöglichen Ihnen, Effekte zu erzeugen, die mit traditionellen Methoden nicht zu erzielen wären.

Die Kröte ist ziemlich vereinfacht und klammert sich um einen feinen, ovalen Kieselstein. Ihre lange Zunge hat sie ausgeworfen, um eine grosse Fliege zu fangen.

Das Seitenprofil kann auf den Block aufgezeichnet und mit der Bandsäge ausgesägt werden. Die Ecken des Kieselsteines können leicht ohne Vorzeichnen rundgesägt werden. Auf einem Abfallstück aufgeschraubt, kann die Kröte leicht im Schraubstock eingespannt werden. (Fig. 62). In Fig. 63 wurden Zunge und Fliege mit einem 6 mm Nr. 9 und einem 12 mm Nr. 3 ausgeschnitten. Um zu vermeiden, dass die Zunge bricht, sollte sie in diesem Stadium noch nicht gespalten werden. Die Form der Kröte wird auf die Oberfläche und die Seiten gezeichnet, und mit dem 12 mm Nr. 3 werden die Seiten schräg hinunter geschnitten, wie man das am Vorderbein in Fig. 64 sehen kann. Dann schneiden Sie die Winkel zwischen Vorderbein und Kopf und zwischen Vorder- und Hinterbein aus. Versuchen Sie, die Meisselarbeit sauber und genau zu machen; bei kleinen Skulpturen hat man keinen

Spielraum für unsaubere und ungenaue Schnitte.

In Fig. 65 wurde der Kieselstein abgerundet, und die Hinterbeine wurden zwischen Ellbogen, Rücken und Kieselstein ausgeschnitten. Alle Füsse und Beine heben sich nun klar vom Stein ab, und die Kröte ist bereit, geformt zu werden. In Fig. 66 wurden der Körper und die Glieder mit einem 6 mm Nr. 3 gerundet und geschnitten – im selben Gang wurde die Zunge gespalten und der Kieselstein verfeinert. Zeichnen Sie die Zehen, Augen und die Fliege aufs Holz. Schneiden Sie die Linien der Zehen mit einem 3 mm V-Eisen ein. In Fig. 67 wird mit den Augen begonnen, indem man ein halbrundes Hohleisen senkrecht ansetzt und dreht, bis es einen Kreis ausschneidet. So schneidet man allmählich ins Holz. Der Abfall um das Auge kann weggenommen werden, und übrig bleibt eine leicht herausstehende Scheibe.

Die Scheibe wird dann sorgfältig mit der Innenfase eines 6 mm Nr. 3 abgerundet. Beachten Sie, dass die Augen leicht verdeckt sind. Die Keilform der Fliege wurde erarbeitet und die Zehen gerundet. In Fig. 68 ist der Teil, der mit Warzen bedeckt wird, mit schwarzen Linien angezeichnet. Dann wird aus einem Stück Stahlrute – ein Nagel genügt auch – eine

Fig. 64
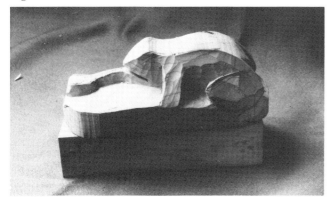

Fig. 65

Fig. 66

Fig. 67
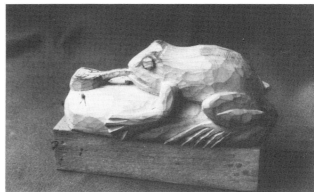

Fig. 68

Fig. 69

Fig. 70

Punze gemacht. Das Ende wird halbkugelförmig geschliffen und sehr fein poliert. Tatsächlich wurden bei der Kröte zwei verschiedene Grössen verwendet, 3 mm und 5 mm. Die Punze wird mit einem Hammer ins Holz geschlagen. Probieren Sie die Punze zuerst an einem Abfallstück aus. Sie werden bemerken, dass, wenn die Punze zu tief eingeschlagen wird, das Holz durchstochen wird und zerbröckelt. Üben Sie, bis es Ihnen gelingt, das Holz jedesmal nur zusammenzudrücken statt zu durchbrechen, sonst bricht die Oberfläche, wenn die Knoten sich heben. Nach dem Punzen, (Fig. 69), beendigen Sie die Fliege, die Zunge, die Zehen usw. Verschleifen Sie unsaubere Schnitte. Dann schneiden Sie die gepunzte Zone hinunter, bis alle Vertiefungen praktisch verschwunden sind, und schmirgeln Sie die ganze Skulptur eingehend.

Nun trägt man mit einem Pinsel kochendes Wasser auf die gepunzte Zone auf. Innert Minuten sollten sich die Warzen heben (Fig. 70), und man wird bemerken, dass die Schwellungen und der Schaden am Holz unterschiedlich stark sind. Bei natürlichen Sujets ist dies nicht nur akzeptierbar sondern sogar von Vorteil. Es könnte jedoch schwierig sein, künstliche Oberflächen wie bei Schmuckstücken oder Knäufen irgendwelcher Art zu imitieren.

Schliesslich erhält die Kröte einen Anstrich Kaliumbichromat-Lösung, was das Eibenholz dunkelrotbraun färbt. Darauf folgen zwei Schichten Schellack-Versiegler. Ich rieb dann das Ganze mit 000 gradiger Stahlwatte ab und wachste und polierte mit einer motorisierten Bürste.

Die kleine Kröte ist ein einfaches, aber sehr lehrreiches Objekt, das durch die Warzen viel interessanter wurde. Müssten sie geschnitzt werden, wäre das entmutigend.

DIE KRÖTE

Fig. 71

Verwendetes Material:
 6 mm Nr. 9 Hohleisen
12 mm Nr. 3 Hohleisen
 6 mm Nr. 3 Hohleisen
 3 mm V-Eisen

Schraubstock
Ukibori-Punzen
Riffelfeilen
Schleifmittel

Holz: Englische Eibe (152 mm × 76 mm ×63 mm)

Zeitbedarf: 1½ Tage

9. Der Kopf

Fig. 72

64 TECHNIKEN DES KREATIVEN HOLZSCHNITZENS

Fig. 73

Fig. 74

Es sollte ziemlich einfach sein, einen menschlichen Kopf zu schnitzen, schliesslich sollten wir ja genug über seine Form wissen. Leider ist dies jedoch nicht der Fall. Tatsache ist, dass die unendliche Vielfalt menschlicher Gesichtszüge Tür und Tor öffnet für jede Art von Fehlern. Andererseits ist unser Urteilsvermögen in diesem Bereich so feingestimmt, dass wir die winzigsten Feinheiten in einem Porträt wahrnehmen, und so bleibt der Kopf des Menschen die grösste Herausforderung für einen Künstler.

Es wird unvermeidlich einmal nötig sein, ein Gesicht zu schnitzen, entweder um seiner selbst willen oder als Teil einer Figur. So ist das Projekt dieses Kapitels die Grundform eines Kopfes mit einem Minimum an Gesichtszügen, so wie sie beim Gesicht eines jungen Mädchens angetroffen werden. Wir machen keinen Versuch, irgendeinen Ausdruck oder eine Individualität zu vermitteln.

Der Kopf kann von zwei Seiten mit der Bandsäge ohne Probleme ausgesägt werden. Bei einem männlichen Kopf mit kurzen Haaren wäre dies noch einfacher.

DER KOPF 65

Zeichnen Sie die Front- und Seitenansicht auf den ausgesägten Block, (Fig. 75). Die Seiten des Frontprofils bilden die Haare. Das Gesicht wird enthüllt, indem man mit dem 12 mm Nr. 9 das überflüssige Holz auf beiden Wangen wegnimmt (Fig. 76). Dies wird über die Seiten des Halses zu den Schultern hinaus fortgesetzt. Wenn man den Block mit einem richtigen Kopf vergleicht, sollte es sofort klar werden, wo die Abrundungen des Gesichts, der Haare und des Halses sein müssen. Verfeinern Sie die Schnittspuren mit einem 12 mm Nr. 3, schneiden Sie die Nase in Keilform (Fig. 77), und beginnen Sie mit den Augenhöhlen und Augen.

Schneiden Sie mit dem 12 mm Nr. 3 eine ebene Fläche von den Augenbrauen hinunter zum unteren Rand des unteren Augenlides schräg in den Kopf hinein. Dann schneiden Sie von den Wangen aufwärts, um den anderen Schnitt am unteren Augenlid zu treffen. Damit haben Sie effektiv ein grosses Stück Holz weggeschnitten und so die Grundform für die Augenhöhlen erhalten, wie Sie in Fig. 78 sehen können. Die Wangen lässt man nun

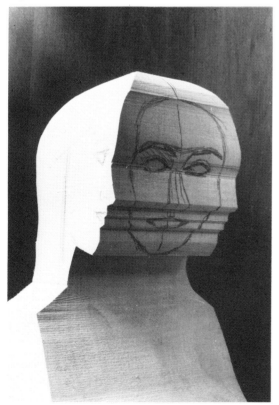

Fig. 75

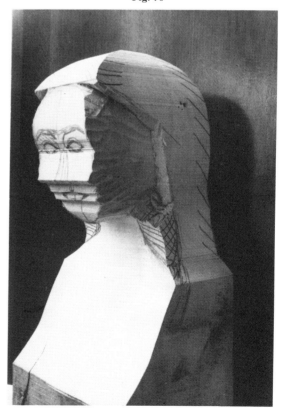

Fig. 76

Fig. 77

Fig. 78

in die Augenhöhlen übergehen, und die Haarlinie wird unterschnitten. Damit ist die Form des Gesichts allgemein gegeben. Denken Sie daran, dass ein Teil des Ohrläppchens unter dem Haar hervorsteht.

In Fig. 79 ist das linke Auge teilweise fertig, um zu zeigen, worauf wir hinarbeiten wollen. Schneiden Sie zuerst die Oberfläche des obern Lides mit einem 19 mm Nr. 4 – oder mit einem Hohleisen, das genau in den Bogen des Lides passt; die Innenfase des Hohleisen formt das Augenlid.

Als nächstes schneiden Sie auf gleiche Weise mit dem 12 mm Nr. 3 den unteren Rand des unteren Lids. Um den Schnitt sanfter zu machen, schneiden Sie mit dem 6 mm Nr. 9 Hohleisen unter dem Lid entlang (Fig. 80).

Mit dem 6 mm Nr. 3 schneiden Sie unter das Ober- und Unterlid und formen so den Augapfel, der dann gerundet und geglättet wird (Fig. 81). Verfeinern Sie die

Fig. 79

Fig. 80

Fig. 81

Fig. 82

Höhlung unter dem unteren Lid mit einem 3 mm Nr. 9. Formen Sie die Augenhöhlen unter- und oberhalb der Lider. Diese Formen können sehr subtil sein, denn der Ausdruck der Augen liegt eher in der Gestaltung dieser Zonen als im Augapfel selbst. Die tiefen Ecken innerhalb der Lider werden mit einem kleinen, schrägen Beitel oder einem Messer geschnitten.

Schneiden Sie den Nasenseiten entlang, um den Kamm zu formen, und schneiden Sie dann mit einem kleinen Hohleisen der Seite nach aufwärts zur inneren Ecke des Auges. Formen Sie die leicht geflügelten Unterseiten der Nasenlöcher und die Oberlippe. Mit einem 12 mm Nr. 7 schneiden Sie vom Nasenkamm hinunter gegen die Augenhöhlen.

Die feinere Ausgestaltung der Nase muss nun abgeschlossen werden. Nur mit ständigem Bezug zur Realität mit Hilfe eines Spiegels können Sie die feinen Kurven und Höhlungen einer Nase erarbeiten. Das gleiche gilt für die Lippen, die zu beweglich und subtil sind, um sie nach einer Formel zu schnitzen, aber ich habe die meiste Arbeit mit einem 6 mm Nr. 3 gemacht. Fig. 82 zeigt das Gesicht in beinahe fertigem Zustand.

Nun werden Haar, Hals und Schultern abgeschlossen. In Fig. 83 wurde dies getan und das Gesicht grob gefeilt und geschmirgelt. Die Form kann sorgfältig mit einer Riffelfeile und Schleifmittel gemildert und geändert werden – es gibt sehr wenige Kanten an einem Mädchengesicht. Das Haar wurde sorgfältig mit ei-

Fig. 83

Fig. 84

nem 12 mm Nr. 2 geschnitzt, und das Ergebnis kann man in Fig. 84 bereit zum abschliessenden Schmirgeln und Polieren sehen.

Falls Sie das Haar naturgetreuer wünschen, gibt es verschiedene Möglichkeiten. Am einfachsten ist es wahrscheinlich, wenn man mit dem V-Eisen zahlreiche Schnitte entlang der Haare führt. Auf grossen Flächen sieht es jedoch sehr übertrieben aus, und die dünnen Kanten zerbröckeln häufig.

Am besten, glaube ich, gestaltet man die Hauptform der Locken – Fig. 85 zeigt ein Beispiel – und schnitzt sie mit einer glatten Oberfläche. Dann macht man mit einem U-förmigen Hohleisen eine Reihe Schnitte, die den Bewegungen des Haars folgen. Folgen Sie diesen mit ähnlichen Schnitten eines noch kleineren Hohleisens, aber übertreiben Sie es nicht, sonst sieht das Haar aus wie Stroh.

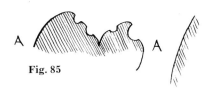

Fig. 85

TECHNIKEN DES KREATIVEN HOLZSCHNITZENS

Verwendete Werkzeuge:
12 mm Nr. 9 Hohleisen
12 mm Nr. 3 Hohleisen
19 mm Nr. 4 Hohleisen
 6 mm Nr. 9 Hohleisen
 3 mm Nr. 9 Hohleisen
12 mm Nr. 7 Hohleisen
12 mm Nr. 2 Hohleisen
 6 mm Nr. 3 Hohleisen
 6 mm Schrägbeitel

Schraubstock
Riffelfeilen
Schleifmittel

Holz: Linde (150 mm × 180 mm × 380 mm)

Zeitbedarf: 3 Tage

Fig. 86

Persönliche Arbeitsnotizen

10. Ponykopf

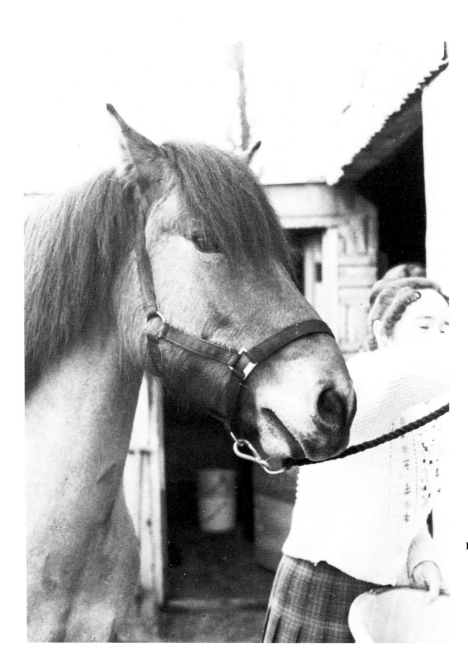

Fig. 87

PONYKOPF 73

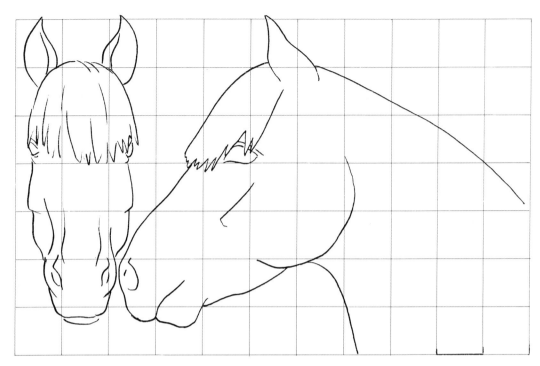

Fig. 88

Pferde und Ponys sind zahlreich und populär. Es gibt eine weite Vielfalt von Zuchten und grosse Unterschiede zwischen den Individuen. Sie sind ausgezeichnete Sujets zum Schnitzen und waren seit prähistorischen Zeiten bei Bildhauern beliebt.

Wenn Sie beabsichtigen, ein Pony als Sujet für ein Porträt zu wählen, müssen Sie bedenken, dass Pferde- oder Ponybesitzer ebenso kritisch, wenn nicht sogar noch kritischer in der Beurteilung des Ergebnisses sind, als die meisten Leute bei Menschenporträts. Folglich muss Ihre Skulptur – wenn sie ein bestimmtes Pferd als Modell nehmen, sehr genau sein. Die Besitzerin des Ponys gab das folgende Porträt in Auftrag.

Die Fotografie wird in Quadrate eingeteilt, vergrössert, und das Seitenprofil auf den Block durchgepaust. Am Hals werden ein paar Zentimeter Abfallholz stehengelassen, um es im Schraubstock einspannen zu können. Das Holz wird

Fig. 89

dann mit der Bandsäge auf die Form von Fig. 89 gebracht. Es hat keinen grossen Sinn, das Frontprofil auszusägen, da die Form sowieso ziemlich flach ist. Nun werden die Hauptzüge, Kieferlinie, Mähne, Ohren, Augen und Maul auf den Block gezeichnet.

Mit dem 12 mm Nr. 9 schneiden Sie grob die Form des Halses aus, wie in Fig. 90 gezeigt. Er ist dünner als der Kopf, und der Durchmesser wird mit zunehmender Entfernung vom Kopf dünner und ovaler. Lassen Sie die Mähne von Hals und Kopf aufrecht stehen. Schneiden Sie darumherum mit einem flachen Hohleisen 12 mm Nr. 3 (Fig. 91). Das überflüssige Holz zwischen den Ohren kommt weg, und das über das Gesicht hängende Haar wird eingeschnitten. Dieses kann, wie auf der Fotographie zu sehen ist, abgerundet werden. Die Augen und der Knochen entlang der Wangen sind die breitesten Kanten des Gesichts. Die Wangen, die ziemlich flach sind, müssen also auf ein tieferes Niveau hintergeschnitten werden. Der obere Ge-

Fig. 90

Fig. 91

PONYKOPF 75

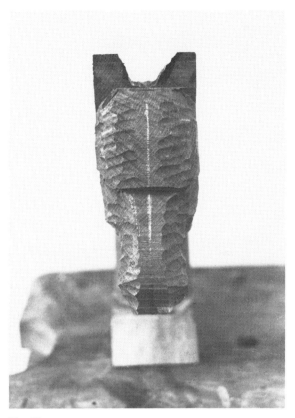

Fig. 92

Fig. 93

sichtsteil spitzt sich von den Wangen gegen den Nasenkamm zu (Fig. 92). Der Unterkiefer verjüngt sich gegen seine Unterseite und lässt so die Wangen herausstehen.

In Fig. 93 wurde das bisher Ausgeschnittene mit einem 12 mm Nr. 3 verfeinert und die Hauptmuskelformationen wurden auf das Holz gezeichnet. Diese Linien werden mit einem 12 mm Nr. 9 (Fig. 94), ausgeschnitten, und dann lässt man sie ineinander übergehen, um so das subtile Knochen- und Muskelrelief, das auf der Fotografie zu sehen ist, zu bilden. Danach schneiden Sie das Maul ein und formen den Vorderteil des Halses. Nur das sorgfältige Studium der Anatomie des Pferdes oder des Ponys hilft Ihnen hier weiter.

Nun können die Linien der Mähne angezeichnet werden, (Fig. 95). Schneiden Sie die Linien der Mähne ein, zuerst mit einem 6 mm V-Eisen, und dann schneiden Sie die Enden mit einem 12

76 TECHNIKEN DES KREATIVEN HOLZSCHNITZENS

Fig. 94

Fig. 95

Fig. 96

Fig. 97

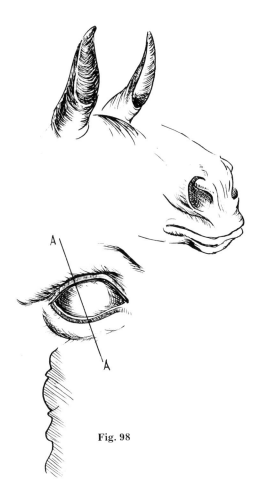

Fig. 98

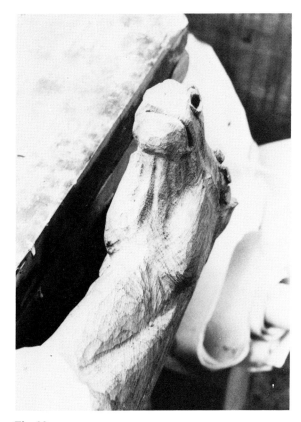

Fig. 99

mm Nr. 3 Hohleisen auf das Niveau des Körpers hinunter. Es wird vielleicht ein kleines Hohleisen, ein 6 mm Nr. 3, gebraucht, um das überflüssige Holz zu entfernen. Die Haarbüschel werden abgerundet und unterschnitten, um den Eindruck zu erwecken, dass sie auf dem Körper aufliegen (Fig. 96). Nun können die Augen geschnitzt werden. Dies verlangt grosse Sorgfalt und besonders scharfe Beitel. Das Pferdeauge ist tatsächlich komplizierter, als es hier in Fig. 97 gezeigt wird, aber das darüberhängende Haar macht es kompliziert genug. Auch die Nüstern können eingeschnitten und der Rest des Kopfes feiner und fertig geschnitzt werden. Die Ohren können leicht ausgehöhlt werden. Bei einem richtigen Pferd kann man sehen, dass die Ohren die Form von in einem Winkel abgeschnittenen Röhren haben. Sie sind mit Haaren gefüllt, weshalb ich sie als Kompromiss nur teilweise aushöhle. Wenn sie zu dünn sind, werden sie sicher abgebrochen.

Fig. 98 zeigt Skizzen von Ohren, eines mehr ausgehöhlt als das andere, von Nüstern und Maul, und vom Auge, wenn es ganz sichtbar und ohne überhängende Haare ist. Die Skizzen sollen nur als Hilfe dienen für die speziellen Züge, die Sie vermitteln oder kopieren wollen.

Die Halspartie sollte keine Probleme geben und leicht von der Hand gehen. Fig. 99 zeigt dieses Stadium beinahe abgeschlossen.

Schliesslich wird das Mähnenhaar strukturiert. Dieses Pony hat eine schwere, grobe Mähne, und ich dachte, dass das am besten herausgestellt wird durch zahlreiche, unregelmässige Schnitte. Zuerst machte ich viele Schnitte mit einem 6 mm Nr. 9, und diese wurden dann überzogen mit noch mehr Schnitten mit einem 3 mm Nr. 9, (Fig. 100). Die grobe Maserung der Eiche wird Sie an diesem Punkt enttäuschen, indem sie am Rande der dünneren Querfasern zerbröckelt, wenn der Schärfe der Werkzeuge und dem Faserverlauf nicht besonders viel Aufmerksamkeit geschenkt wird. Auch die Reihenfolge der Schnitte ist wichtig. Wenn zwei Hohleisenschnitte 6 mm auseinanderliegen und ein weiterer dazwischenkommt, werden die anliegenden Ränder zerbröckeln. Dies ist weniger wahrscheinlich, wenn die Schnitte in einer Abfolge von einer Seite auf die andere gemacht werden.

Der Kopf kann nun geschmirgelt oder mit dem Schnitzwerkzeug vollendet werden, was bei Eiche immer sehr attraktiv ist. Ich habe dieses Stück nach dem Wunsch des Kunden geschmirgelt. Danach habe ich es eingeölt und mit Wachs poliert.

Das Aufstellen eines Pferde- oder Ponykopfes ist problematisch. Wenn der Hals gestreckt ist, ergibt sich ein Übergewicht nach vorn. Wenn jedoch die Skulptur mehr diamantförmig ist, wie hier, ist sie symmetrisch. Man kann sie dann auf einem ebenen Holzquader, in diesem Fall aus weisser Eiche, schrauben. Ich lege normalerweise einen Selbstklebefilz auf die Unterseite des Sockels, um die Möbel zu schonen.

Fig. 100

PONYKOPF 79

Verwendete Werkzeuge:
12 mm Nr. 9 Hohleisen
12 mm Nr. 3 Hohleisen
 6 mm Nr. 3 Hohleisen
 3 mm Nr. 9 Hohleisen
 6 mm Nr. 9 Hohleisen
 6 mm V-Eisen

Schraubstock
Riffelfeilen
Schleifmittel

Holz: Braune Eiche
(230 × 180 mm × 75 mm)
Zeitbedarf: 2 Tage

Fig. 101

11. Harlekin

Fig. 102

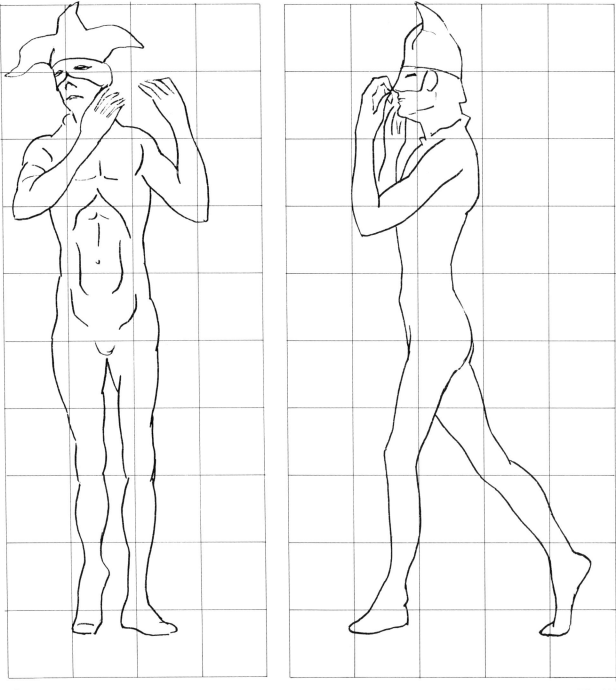

Fig. 103

Fig. 104

Dieses Projekt dient als einfache Übung zum Schnitzen einer Figur und zum Verstehen einiger der damit verbundenen Probleme. Nebst den rein technischen muss daran erinnert werden, dass das Publikum jede Darstellung des menschlichen Körpers sehr kritisch beurteilt, da es ja so vertraut damit ist. Die kleinste Unausgeglichenheit, Disproportion und Unnatürlichkeit wird selbst vom wohlwollendsten Betrachter bewusst oder unbewusst festgestellt werden. Das Ziel, das wir mit dieser Skulptur erreichen wollen, ist es also, diese Schwierigkeit zu meistern und sich auf zukünftige, komplexere Figuren vorzubereiten.

Harlekin ist bloss der Name des Charakters der italienischen Commedia Del Arte, der traditonell das vertraute Flickstoffkleid, eine Maske und einen Hut trägt. Seine anderen Charakteristiken variierten so sehr über die Jahrhunderte, dass er alles für jedermann sein kann. Die Figur, die mir vorschwebt, ist gross und sehr schlank und muss so leicht sein, wie die Flötenmusik, die sie spielt. Das Holz ist sehr stark gestreiftes englisches Walnussholz.

Bereiten Sie den Rohling auf der Bandsäge vor, doch lassen Sie den Raum zwischen den Beinen noch unberührt. Dadurch kann man das Ende des Blockes im Schraubstock einspannen, und die Beine bleiben stark genug, um den Hammer-

Fig. 105

Fig. 106

Fig. 107

Fig. 108

schlägen zu widerstehen. Der Rohling sollte wie auf Fig. 105 und 106 aussehen. Das überflüssige Holz zwischen den Beinen wird angezeichnet und stehen gelassen, während dasjenige zwischen den Armen angezeichnet und mit einem 6 mm Nr. 9 zusammen mit den Zonen unterhalb der Oberarme und innerhalb der Unterarmwinkel entfernt wird. In Fig. 107 wurde das gemacht und mit einem 12 mm Nr. 2 nachgeputzt. Es ist nun nötig, die Arme in den richtigen Winkel zu bringen, indem man den Oberarm vom Ellbogen zur Schulter hinauf ausschneidet.

In Fig. 108 ist die Stellung der Arme klarer geworden. Was als nächstes weg muss, ist das Zuviel auf der Brust, zwischen den Armen. Dieses wird ohne Schwierigkeit mit den gleichen Hohleisen entfernt, und gleichzeitig sind die Arme jetzt frei und in Fig. 109 klar zu sehen. Jetzt kann mit dem Formen des Körpers begonnen werden. Zeichnen Sie die zentrale Hauptlinie des Torsos und die hauptsächlichen anatomischen Merkmale. Die Markierung entlang der Kanten in Fig. 109 zeigt an, wo die Figur abgerundet werden kann. Mit Blick auf Ihren eigenen Körper ist es am einfachsten, die richtigen Formen der verschie-

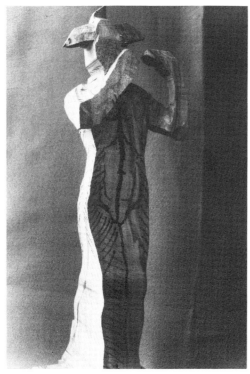

Fig. 109

Fig. 110

Fig. 111

denen Glieder zu finden. Indem Sie einfach die Ecken und Kanten abrunden, sollte Ihre Skulptur schon bald aussehen wie Fig. 110.

Fig. 111 zeigt, dass der Rücken stärker geformt und vervollständigt worden ist. Die Furchen entlang dem Rückgrat und dem Hinterteil wurden grob geschnitzt. Der Hals wurde bis auf den vorstehenden Kragen hinunter verdünnt, und der Hut hat Gestalt gewonnen. Auf der Vorderseite wurden die hauptsächlichen anatomischen Merkmale grob vorgeformt und die Arme durch das Formen der Hände weiter vom Gesicht getrennt. Das kann

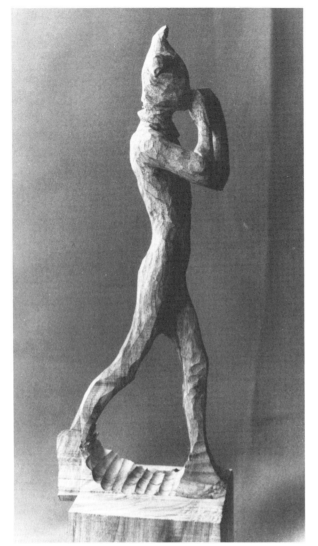

Fig. 112

Fig. 113

man in Fig. 112 sehen. Torso, Arme und Kopf sind für weitere Detailarbeit bereit, und die Zone zwischen den Beinen wird so weggeschnitten, dass die Füsse immer noch fest auf dem Block bleiben.

Im Endstadium (Fig. 113), werden die Details vom Hut her nach unten ausgearbeitet. Die Maske wird wie ein Gesicht geformt, aber 3mm höher. Die Augenhöhlen wurden mit einem 3 mm Nr. 2 geschnitten und mit einem Zahnarztbohrer ausgehöhlt. Dieser wurde zudem gebraucht, um die Löcher am Ende der Kragenfalten zu bilden.

1. Schritt: Hand innen formen und Flöte anpassen.

2. Schritt: Dann erst Aussenseite der Hand schnitzen.

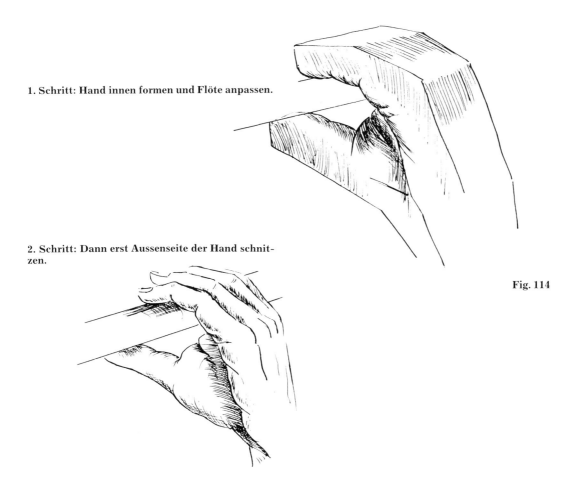

Fig. 114

Nun sollte die Flöte gearbeitet werden, vorzugsweise auf einer Drehbank, so dass die Hände daran angepasst werden können. Die Hände sind schwierig zu formen, weil sie so fein detailliert sind und einmal mehr, weil sie der Kritik ausgesetzt sind. Schnitzen Sie zuerst die Handinnenseite, passen Sie die Flöte ein, dann schnitzen Sie die Aussenseite und schneiden die Finger ein. Fig. 114 zeigt die beiden Hauptphasen. Sie werden feststellen, dass es nicht nur einfacher ist, zuerst die Innenseite der Hand zu schnitzen, sondern in vielen Fällen wesentlich ist, besonders wenn Sie die Absicht haben, die Hände auf andere Züge oder Objekte – in diesem Fall mit der Flöte und dem Mund – abzustimmen. Das meiste können Sie mit einem 6 mm Nr. 2 machen, obwohl ein scharfes Messer und ein Rotorfräser nützlich sein können. Der ganze Oberkörper und die Arme sollten sorgfältig mit dem Schnitzwerkzeug vollendet werden, bevor die Beine und Füsse fertiggearbeitet werden. Wenn das getan ist, arbeiten Sie die Beine hinunter bis zu den Füssen, und dann trennen Sie den Restblock ab. Die letzte Aufgabe vor dem Finish ist das sorgfältige Einkleben der Flöte.

Leinsamenöl bringt die Maserung des Walnussholzes schön zur Geltung.

88 TECHNIKEN DES KREATIVEN HOLZSCHNITZENS

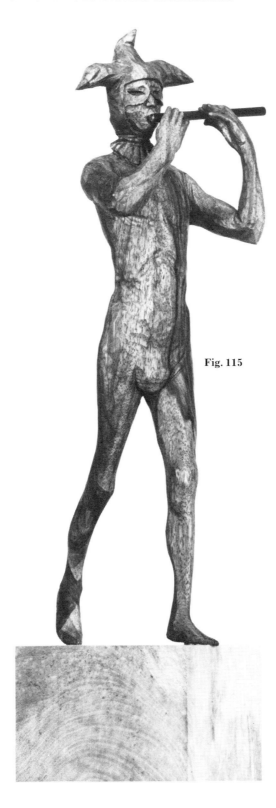

Fig. 115

Verwendete Werkzeuge:
 6 mm Nr. 9 Hohleisen
12 mm Nr. 2 Hohleisen
 3 mm Nr. 2 Hohleisen
 6 mm Nr. 2 Hohleisen

Schraubstock
Biegewellenantrieb mit Fräsköpfen
Messer

Holz: Englisches Walnussholz (85 mm × 100 mm × 305 mm)
Eibe (6 mm × 6 mm × 75 mm)

Zeitbedarf: 2 Tage

Persönliche Arbeitsnotizen

12. Stilleben

Fig. 116(a)

Fig. 116(b)

Ich fand dieses Stilleben eine gute Übung und sehr faszinierend zu schnitzen. Der Käse war unverschämt teuer, und in Anbetracht seines mässigen Geschmacks und seiner wachsigen Art, tat es mir nicht leid, ihn austrocknen und in den Abfalleimer wandern zu sehen.

Es ist nicht meine Absicht, dass Sie das Stilleben kopieren, das ich geschnitzt habe. Überhaupt sind alle Projekte in diesem Buch eher Hilfen zur Arbeitsmethode als Sujets zum Nachahmen. Es sollte kein Problem sein, ein paar Gegenstände zum Schnitzen zusammenzustellen. In diesem Falle versuchen wir, die Natur zu imitieren, weshalb wir die Gegenstände sorgfältig aussuchen müssen. So ist zum Beispiel ein Knochen geeignet, während ein Stück Brot äusserst schwierig sein kann. Es wäre wahrscheinlich eine gute Idee, zuerst ein paar Einzelgegenstände zu schnitzen, bevor man sich an eine ganze Gruppe wagt.

Diese Art Skulptur schenkt uns ein grosses Wissen über Formen, Oberflächenstrukturen und eine merkwürdig befriedigende, surrealistische Qualität. Sie ist gleichzeitig sehr einfach und sehr schwierig. Die Probleme der Gestaltung, Dimensionen, Formen usw. entfallen hier ganz, doch ergeben sich technische Probleme beim Duplizieren. Damit eine Nachbildung gut aussieht, muss sie sehr genau sein.

Auf der Fotografie meines Originalstillebens (Fig. 116), kann man noch ein abgebranntes Zündholz sehen. Ich habe es in der Skulptur weggelassen, da ich merkte, dass es ohne die Eigenschaft «verbrannt» schwierig als Zündholz zu erkennen wäre. Dies unterstreicht nochmals, wie wichtig es ist, geeignete Sujets auszuwählen.

Das Stilleben wurde sorgfältig vermessen und in Lebensgrösse auf die Seiten des Lindenholzblockes gezeichnet (Fig. 117). Danach wurde es von beiden Seiten ausgesägt, was die merkwürdige Form in Fig. 118 ergab. Das offensichtlich überschüssige Holz wird angezeichnet: der «spezielle» Messergriff, die Kerzenflamme und der grosse Keil, der parallel zum Käse verläuft, ebenso das Stück rechts von der Kerze bis zum Apfel. Dies alles kann rasch mit dem 12 mm Nr. 9 und dem 12 mm Nr. 2 entfernt werden. In Fig.

Fig. 117

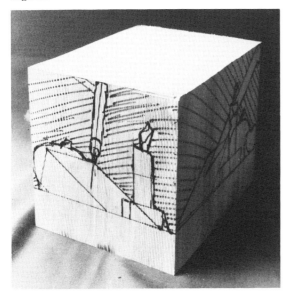

Fig. 118

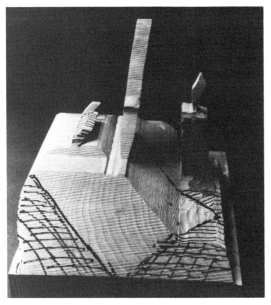

Fig. 119

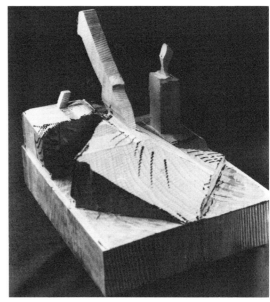

Fig. 120

119 steht die Kerze jetzt frei und ein an den Apfelstiel angrenzendes Stück kann ebenfalls entfernt werden. Die grossen Zonen um den Käse herum können entfernt werden, um die Marmorplatte, auf der er liegen sollte, zu bilden.

In Fig. 120 ist dies geschehen. Der Abfall zwischen dem Apfelschnitz und dem Apfel, das Stück vor dem Schnitt und der Raum zwischen Apfel und Käse können zum Entfernen angezeichnet werden. In Fig. 121 ist das erreicht und das Ganze gewinnt an Gestalt, obwohl alles immer noch viereckig ist und der Käse oben eine sonderbare Pyramidenform hat, die abgeflacht werden muss. Der Apfel wird von einem Würfel in einen Zylinder umgestaltet. Das kann man in Fig. 122 sehen. Ebenso ist der Apfelschnitz jetzt keilförmig, und die Käseoberfläche ist flach.

Fig. 123 zeigt das Ergebnis des sorgfältigen Abschälens der flachen Oberfläche mit einem 12 mm Nr. 2 und einem 19 mm

Fig. 121

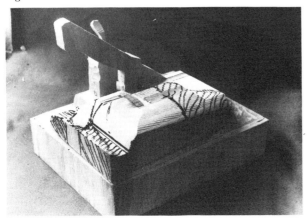

Fig. 122

Nr. 1. Die Kerze ist zylindrisch, und die Zündholzschachtel wurde ausgeschnitten. Beim Abflachen des Käses hat notwendigerweise auch das Messer etwas Gestalt bekommen. Ebenso wurde die ganze Oberfläche der Marmorplatte freigelegt. Um den Raum in der Mitte der Gegenstände zu ebnen, wird vor allem ein 6 mm Nr. 3 löffelförmiges Hohleisen gebraucht. Das Abflachen der Oberflächen ist in Fig. 124 fast abgeschlossen, und der Apfel wurde kugelförmig geformt. Auch der Schnitz wurde zugeschnitten, und das hinunterfliessende Kerzenwachs wurde grob hervorgehoben.

An diesem Punkt können Sie die Hauptoberflächen schmirgeln: den Apfel, den Apfelschnitz, die Kerze, die Zündholzschachtel, den Käse und die Marmorplatte. Das Messer, der Apfelstiel und die Flamme blieben soweit relativ unberührt und ziemlich robust (Fig. 125).

Nachdem man bei diesen Teilen einen Finish erreicht hat, können nun die feinen Details geschnitzt werden. Die Löcher im Käse wurden mit einem 6 mm Nr. 7 und einem 6 mm Nr. 2 gemacht. Die Kanten um die Zündholzschachtel wurden mit einem Messer eingeschnitten. Das geschmolzene Kerzenwachs wurde mit einem 6 mm Nr. 2 geschnitzt und mit einer Riffelfeile abgeschlossen. Der Ausschnitt beim Apfel wurde mit einem 25 mm Nr. 1 gemacht.

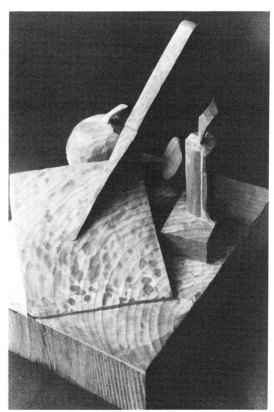

Fig. 124

Fig. 125

Fig. 123

Das Messer wird vom Ende des Griffs nach unten geschnitzt, wodurch man die Stärke der Klinge so lange wie möglich behalten kann (Fig. 126). Nun merke ich, dass ich in der Vertiefung oben auf dem Apfel nicht die gewünschte Glätte erreichen konnte, weshalb ich den Stiel abbrach und später wieder anklebte. Diese Anpassungsfähigkeit und Experimentierfreude seitens des Schnitzers sollte sich bei jeder Übung und jedem Sujet durchsetzen. Das Ankleben von zusätzlichen Holzstücken, um die Länge anzupassen, Veränderungen anzubringen, den Finish zu ermöglichen usw. sind wichtige Bestandteile dessen, was kreatives Schnitzen sein sollte. Ein anderes Beispiel wäre, wenn, sagen wir, der obere Mittelteil des Apfelschnitzes wegen unsorgfältigen Schnitzens beim Finish oder wegen Faserfehler abbrechen würde; der Schnitzer könnte dieses Missgeschick in einen möglichen Vorteil umwandeln, indem eben ein Stück des Schnitzes abgebissen wurde usw.

Es bleibt nur noch das letzte Loch im Käse zu schneiden und die Kerzenflamme fertig zu machen. Das Schmirgeln muss sehr gründlich gemacht werden, um die maximale visuelle Wirkung eines scheinbar vertrauten und doch aus völlig fremdem Material bestehenden Gegenstandes zu erreichen.

Fig. 126

STILLEBEN 95

Fig. 127

Verwendete Werkzeuge:
12 mm Nr. 9 Hohleisen
12 mm Nr. 2 Hohleisen
19 mm Nr. 1 Beitel
25 mm Nr. 1 Beitel
 6 mm Nr. 7 Hohleisen
 6 mm Nr. 2 Hohleisen
 6 mm Nr. 3 Hohleisen

Schraubstock
Riffelfeilen
Schleifmittel

Holz: Linde (230 mm × 180 mm × 150 mm)

Zeitbedarf: 4 Tage

13. Schwarzer Stier

Fig. 128

98 TECHNIKEN DES KREATIVEN HOLZSCHNITZENS

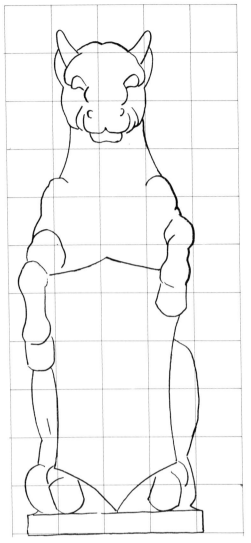

Fig. 129   Fig. 130

Heraldik begann im frühen Mittelalter in Form von einfachen, kühnen, leuchtend farbigen Symbolen, die von Rittern und ihrem Gefolge als Identifikationsmittel getragen wurden. Seit dann ist sie zu einer «Wissenschaft» geworden, die sich mit komplexen Familienstammbäumen und kunstvollen Wappen befasst. Diese werden vom College of Heralds an Private und Organisationen aus den verschiedensten Gründen herausgegeben. Heraldik ist ein lebendiger, blühender Anachronismus, der für den Schnitzer eine reiche, mannigfaltige Quelle der Inspiration sein kann. Sie ist auch die einfachste Quelle finanzieller Belohnung, da es noch sehr beliebt ist, für heraldische Kunstwerke aus den verschiedensten Medien einen Künslter oder Handwerker zu beauftragen.

Heraldische Tiere wurden im allgemeinen wegen einer ihnen zugesprochenen Eigenschaft wie Stärke, Wildheit oder magische Kräfte gebraucht. Sie können auf Sagen basieren, wie der Vogel Greif und der Drachen, oder auf der Wirklichkeit beruhen, wie der Löwe oder in diesem Fall der Stier. Seine Attribute sind ziemlich offensichtlich: rohe Kraft und Grimmigkeit, und diese muss man sich ständig vor Augen halten, denn sie sind sozusagen das Thema dieser Arbeit. Der Stier ist eines von zehn Tieren, die für einen Kunden gemacht wurden und die auf den Tieren der Königin in Hampton Court, Windsor Castle und Kew Gardens basieren.

Fig. 131

Fig. 132

Fig. 133

Fig. 134

Für den Stier wählte ich afrikanisches Palisander, ein ziemlich teures, sehr hartes Holz, welches, obwohl einfacher als Ebenholz zu schnitzen, dennoch schwierig und sehr hart am Beitel ist. Ein paar Schläge mit dem Hammer, und die Schnittkante ist zerschlagen, und oft brechen an den Ecken 3 mm lange Stahlstücke ab. Wie dem auch sei, der schöne, samtige Finish und die braunschwarze und purpurrote Maserung sind die Mühe wert. Der ungeübte Holzschnitzer möge lieber ein anderes, feinfaseriges Hartholz wie Eiche oder Buchsbaumholz wählen, das, wenn nötig, schwarz gebeizt werden kann.

Sägen Sie die Form des Stiers von zwei Seiten aus, und beachten Sie, dass die Schnitte gerade und rechtwinklig verlaufen. Das ergibt dann die Form in Fig. 131. Das Hin- und Herschwingen des Sägeblattes bei dickem, hartem Holz ist ein Problem, denn die Schnittlinie wird nicht gerade, sondern hat Ausbuchtungen nach beiden Seiten.

Markieren Sie die Hauptzüge und dann den Abfall oberhalb des Schildes und zwischen dem Schild und den Hinterbeinen. Das ist Schwerarbeit bei Palisander, und die Fräsen können hier von gutem Nutzen sein. Versuchen Sie, den Abfall sauber wegzuschneiden, um eine klare Ahnung von der Form zu bekommen. Ihre Figur sollte nun so aussehen wie in Fig.

132. Schneiden Sie den Abfall zwischen den Hinterbeinen, Vorderbeinen und am Körper weg, so dass die Glieder klar von Brust und Bauch abstehen. Auch die Zone zwischen den Vorderfüssen kann so abgenommen werden, dass der Schild flach wird. Es ist gut, in diesem Stadium die Oberfläche des Schildes vollständig abzuschliessen, damit Sie genau dahinter schneiden können und eine definitive Fläche haben, auf die Sie hinarbeiten können.

Bisher konnten alle Arbeiten mit dem 6 mm Nr. 9 und dem 6 mm Nr. 3 gemacht werden.

Die kleinen Markierungen den hintern Kanten entlang (Fig. 133) bezeichnen Ecken, die abgerundet werden müssen. In Fig. 134 wurde das erledigt mit Hilfe von Referenzmaterial, das uns über die Form der muskulösen Schultern und des dicken Schwanzes Auskunft gibt. Der V-förmige Graben entlang des Rückens wird eingeschnitten; seine Endform wird in Fig. 140 gezeigt.

In Fig. 135 ist die Linie der Hinterhufe und Beine angezeichnet, und die kurzen Striche deuten an, wo die Hinter- und Vorderbeine und die Brust abgerundet werden können. In Fig. 136 ist das geschehen und die Arbeit am Kopf kann beginnen.

Schnitzen Sie den Kopf grob zu, und machen Sie die Einschnitte für die Hör-

Fig. 135

Fig. 136

Fig. 137

Fig. 138

ner und Ohren, wie es in Fig. 137 gezeigt ist. Geben Sie den Vorderhufen soweit ihre Form, dass die genaue Form des Schildes abgegrenzt werden kann. Dasselbe kann mit den Hinterhufen geschehen, aber vergessen Sie den Schwanz nicht. In Fig. 138 sind die etwas stilisierten Falten des Körpers zusammen mit der Kieferlinie angezeichnet worden. All diese Grobarbeit kann praktisch mit den gleichen zwei, früher erwähnten Hohleisen getan werden. Wenn schon die Kanten der Werkzeuge durch das harte Holz beschädigt werden, tut man gut daran, so wenige wie möglich zu benutzen. In Fig. 139 ist diese Arbeit abgeschlossen, und es wurde mit dem allgemeinen Säubern der Skulptur begonnen. Nur der Kopf ist noch im rohen Zustand.

Bevor man den Kopf detailliert arbeitet und die feinen Einzelheiten, wie Haare an den Hufen und am Schwanz, hinzufügt, wird die ganze Skulptur fein mit dem Schnitzwerkzeug geglättet, gefeilt und teilweise geschmirgelt (Fig. 140). Feilen neigen dazu, sehr schnell zu verstopfen, aber Palisander lässt sich äusserst gut schaben. Mit einem Zimmermannsbeitel, einem Messer oder einem geschärften Stück Werkzeugstahl lässt sich das Holz leicht und sauber schälen, und es bleibt eine feine, polierte Oberfläche.

Es sollte soweit hinter den Schild geschnitten werden, bis das verbleibende Material nicht mehr stört. Bei meinem Stier bleiben etwa 2,5 cm festes Holz zwischen den Seiten der Brust und dem Schild, und die Zone zwischen den Hinterbeinen ist auch fast vollständig massiv. Wenn Sie meinen, dass dies entfernt werden sollte, würde ich vorschlagen, dass Sie den Fräser gebrauchen.

Fig. 141 zeigt die erste Phase beim Ausarbeiten des Kopfes. Die Wangen wurden eingeschnitten und abgerundet und darüber die vorstehenden Augenhöhlen geschnitzt. Die Ohren und Hörner sind klar entwickelt worden und ebenso die Haarbüschel auf der Stirne, welche erst am Schluss drankommen. Die Gestaltung des Kopfes ist grundsätzlich gleich wie beim Ponykopf.

Nun müssen Sie die Skulptur als ganzes betrachten und entscheiden, ob Sie den Ausdruck der Macht und Grimmigkeit des Stiers eingefangen haben. Nach Stunden des Schmirgelns wäre es verhängnisvoll, wieder mit Schnitzen zu beginnen. Die letzten Details werden mit kleinen Hohleisen und Schabern eingeschnitten (Fig. 142). Die Augen werden

Fig. 139

Fig. 140

104 TECHNIKEN DES KREATIVEN HOLZSCHNITZENS

auf die gleiche Weise wie die des Pferdes geschnitzt (Fig. 98), aber die Nüstern sind praktisch gebohrte Löcher mit eingeschnittenen Falten. Das Maul kann mit einer Modellier- oder Juweliersäge eingeschnitten werden. Die tiefen Falten und Gräben um den Hals und die Brust können vor dem Schmirgeln der ganzen Skulptur eingeschnitten und gefeilt werden. Nach dem Feinschmirgeln bis etwa zum 120er Schmirgelpapier, können die Locken auf dem Kopf und die Haarbüschel um die Hufe mit einem 3 mm V-Eisen eingeschnitten werden, und das Schmirgeln wird bis zum feinsten erhältlichen Schleifmittel fortgesetzt. Auf Palisander ist nur eine feine Wachspolitur nötig und versiegeln muss man es gar nicht.

Fig. 141

Fig. 142

SCHWARZER STIER 105

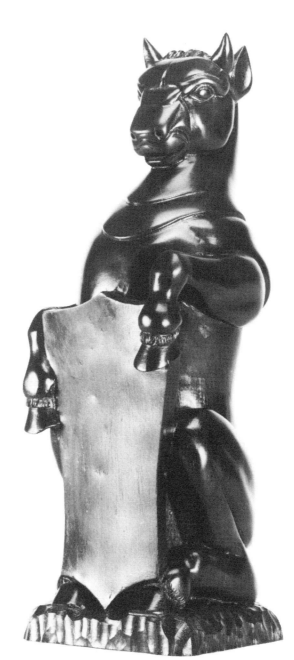

Fig. 143

Verwendete Werkzeuge:
6 mm Nr. 9 Hohleisen
6 mm Nr. 3 Hohleisen
3 mm Nr. 9 Hohleisen
3 mm V-Eisen

Schraubstock
Messer
Zahnmedizinischer Kratzer
Riffelfeilen
Säge
Schleifmittel

Holz: Afrikanischer Palisander (280 mm × 100 mm × 100 mm)

Zeitbedarf: 6 Tage

14. Grönland-Geierfalke

Fig. 144

108 TECHNIKEN DES KREATIVEN HOLZSCHNITZENS

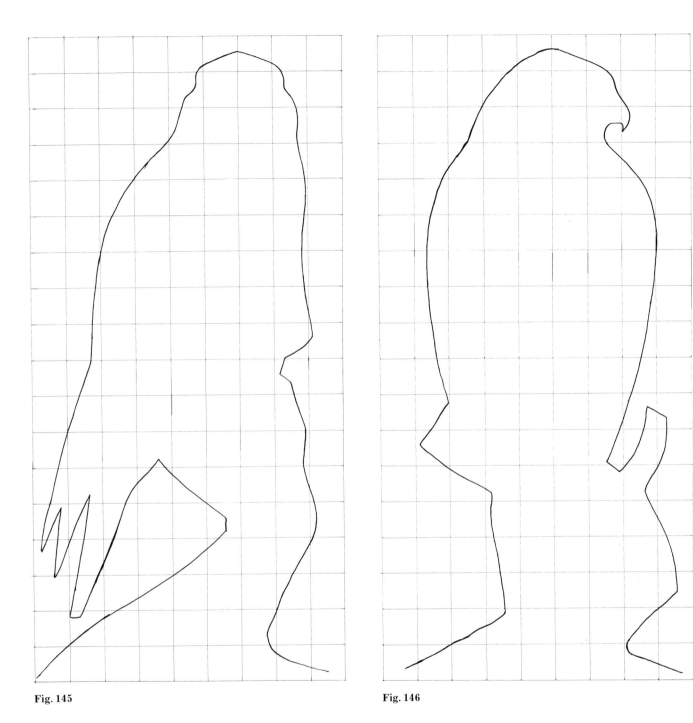

Fig. 145   **Fig. 146**

Das Schnitzen von Vögeln bietet eine Anzahl Probleme, die den Prozess der Vorentscheidungen wichtiger werden lassen als die technischen Probleme. Erstens fliegen Vögel, und Holz fliegt nicht – Flug in einer Skulptur darzustellen, wäre wirklich eine Leistung. Kunstgriffe, bei denen eine Flügelspitze mit dem Boden verbunden ist, funktionieren selten, obwohl ich die Arbeit eines Amerikaners gesehen habe, der Federstahlstreifen in die Flügelspitze und einen Ast eingebettet hat, um die Verbindung so klein wie möglich zu machen. Ich glaube aber, dass das Ganze immer etwas gekünstelt aussieht.

Zweitens haben Vögel den Nachteil äusserst dünner Beine, welche, wenn sie aus massivem Holz geschnitzt sind, kaum das Körpergewicht tragen, geschweige denn irgendeine Erschütterung aushalten können. Es wurde schon Metall verwendet, das angemalt wurde, um wie Holz auszusehen, oder der Körper des Vogels wurde von einem weiteren Punkt aus gestützt.

Drittens sind Vögel leider mit zahllosen Federn bedeckt, welche in allen interessanten Posen die flaumigste, dünnste und unregelmässigste Form annehmen in der Absicht, den Holzschnitzer abzuweisen und den Maler zu ermutigen.

Hinzu kommt die Tatsache, dass die meisten Vögel gleich aussehen, wenn man ihre Farben nicht sehen kann. Es liegt beim Schnitzer, zu entscheiden, ob

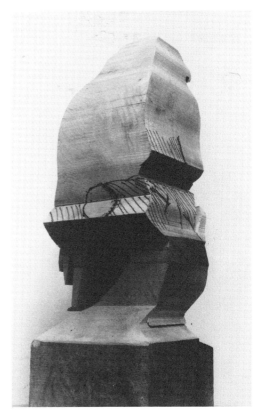

Fig. 147

Fig. 148

er nur die Form des Vogels oder auch die Federn oder gar die vielen tausend kleinen Linien der Federn schnitzen will. Letzteres wurde tatsächlich gemacht, vor allem im Orient, jedoch mit unterschiedlichem Erfolg. Ich persönlich bin nicht bereit, viele Stunden meines Lebens dem Beweis zu widmen, dass ich weiss, wie Federn aussehen.

Der Vogel ist eine dreidimensionale Form mit gewissen Assoziationen. Im Falle des Raubvogels sind sie stark und wohlbekannt. Man denkt an den mittelalterlichen Sport der Falkenjagd, für welchen die Geierfalken hochgeschätzt waren – die legendäre Fluggeschwindigkeit, die schrecklichen Krallen, der Schnabel und die unglaubliche Sehkraft.

In Anbetracht der zuvor erwähnten Probleme dachte ich, dass eine abgrundtiefe Bosheit und potentielle Kraft ein Ziel wären, worauf es sich hinzuarbeiten lohnt. Für den übenden Holzschnitzer ist das eine ausgezeichnete Gelegenheit, solche Charakteristiken darzustellen.

Das verwendete Holz ist ein 200 mm × 200 mm Bergahornblock, der viele Jahre ungebraucht in einer Sägerei in den Cotswolds lag und für einen Zehntel seines Wertes gekauft wurde. Er erwies sich als schön gezeichnet und praktisch fehlerlos ausser einem kleinen Astknoten, der leider gleich in die Mitte der Brust des Vogels zu liegen kam.

Der Falke wurde ursprünglich aus einem Vogelbuch abgezeichnet, und ich habe einiges aufgewendet, um in Büchern und im Naturhistorischen Museum

Fig. 149

Fig. 150

Fig. 151

Fig. 152

möglichst viel über ihn zu erfahren. Ich fand heraus, dass die Zonen der Federn und die Hauptformen des Körpers schlecht definiert und unterschiedlich sind. Es ist sehr wichtig, dass der Holzschnitzer sich hier auf sein Referenzmaterial (ob Fotografie oder dreidimensionales Studienobjekt) stützt und sorgfältig diese Merkmale definiert, die für die Form des Vogels typisch sind.

Nachdem man das Profil vorne und auf der Seite des Blocks aufgezeichnet und ausgesägt hat, sollte das Ergebnis wie in Fig. 147 aussehen. Ich habe das überflüssige Holz links vom abgehobenen Fuss angezeichnet, ebenso die Zonen vor und hinter dem Hauptast, genügend Raum um die linke Kralle übriglassend. Fig. 148 zeigt die Ansicht von hinten mit Abfall vom kleinen Ast zurück und an den Seiten des Schwanzes entlang nach unten. All dies wird mit einem 12 mm Nr. 9 entfernt.

Fig. 149 zeigt das Ergebnis, und die Markierungen deuten an, wo die Ecken abgerundet werden können. In Fig. 150 ist dies geschehen, und nun können Kopf und Schwanz in gleicher Weise behandelt werden. Die Grundform des Vogels beginnt nun Gestalt anzunehmen, wie Fig. 151 zeigt.

Der Körper kann nun mit dem Schnitzwerkzeug geformt werden, mit einem 12 mm Nr. 3, bis die Oberfläche ziemlich glatt wird, (Fig. 152), so dass die Grundform nun klar sichtbar ist. Der Kopf wird markiert mit einer zentralen Linie, die die ungefähre Position des Schnabels an-

Fig. 153

Fig. 154

gibt, und Furchen auf beiden Seiten des Kopfes, in welche die Augen zu liegen kommen. Ebenso können die Äste gerundet und die Krallen isoliert werden. In Fig. 153 sind diese Arbeiten abgeschlossen. Der Kopf wird geformt und erhält mit 6 mm Nr. 9 und 6 mm Nr. 2 einen feinen Finish. Der Ast wurde weiter zugeschnitzt, der Körper rundherum eingeschnitten und die Stellung der Kralle geklärt. Die Federn auf der Brust wurden geteilt und ein Klotz für die eingefaltete Kralle übriggelassen. Der Ast bleibt ziemlich fest mit der Unterseite des Schwanzes verbunden, um Festigkeit zu behalten. Es ist interessant festzuhalten, dass zu diesem Zeitpunkt der Astknoten auf der Brust erschien, während er vorher nicht sichtbar war.

Fehler im Holz können den Schnitzer in Verlegenheit bringen. Wenn der Fehler sichtbar war, bevor mit dem Schnitzen begonnen wurde, ist es wirklich unverzeihlich, das Holz trotzdem zu brauchen und sich nachher für den Makel zu entschuldigen. Wenn der Fehler während des Schnitzens erscheint, was oft geschieht, muss entschieden werden, ob er die Struktur der Skulptur beeinflusst, und wenn nicht, ob er als natürliches Element im Holz akzeptiert werden kann. Ein kleiner Astknoten oder Sprung kann mit farbigem Wachs oder einem anderen Füllmittel gefüllt oder auch einfach stehen gelassen werden, vorausgesetzt, er ist nicht gerade in der Mitte eines Auges oder der Lippen. Schwere Fehler, wie diejenigen auf dem Torso, mögen zum

Aufgeben des Stückes berechtigen, obwohl ich in diesem Fall dachte, dass die starke Maserung und die Tatsache, dass die Fehler auf dem Rücken waren, das Stück retten können. Sie sollten nie versuchen, solche Fehler zu flicken, indem Sie das Stück ausschneiden und ein neues einsetzen. Die Skulptur sieht sofort geflickt aus und verführt zur Annahme, dass Sie einen Fehler machten.

Der Grossteil der zu schnitzenden Federn befindet sich auf dem Rücken des Vogels, und in Fig. 154 sind die Hauptgruppen als Schwanz, Flügelspitzen und Rückenzentrum angezeichnet. Der Abfall um den Schwanz und die Flügel kann mit einem 12 mm Nr. 3 weggeschnitten werden. Die zentrale Falte und die Flügelseiten werden mit einem 6 mm V-Eisen eingeschnitten. In Fig. 155 ist dies abgeschlossen. Die Flügelspitzen und der Schwanz können nun unterschnitten und zu einem feinen Finish geschnitten werden. Die subtilen Federn auf dem Rücken und den Seiten, die in einer Kreisform angeordnet, in Reihen am Körper hinabsteigen, die oberen die unteren überlappend, wurden in Fig. 156 angezeichnet.

Ich habe diese Federn mit einem 6 mm Macaroni-Eisen eingeschnitten, obwohl man auch ein V-Eisen brauchen könnte. Die Federn werden abgerundet und geglättet, (Fig. 157). Die schöne Zeichnung auf meinem Stück Bergahorn beginnt sich nun zu zeigen. Wenn Sie zu einem bestimmten Zeitpunkt bei irgendeinem

Fig. 155

Fig. 156

Projekt bemerken, dass die Zeichnung oder Maserung des Holzes besonders stark durchkommt, bietet das in vielen Fällen Gelegenheit, die Behandlung des Sujets vielleicht nochmals zu überdenken.

Auf der Vorderseite des Falken werden die kragenartigen Federn und die auf beiden Seiten der Brust hinunterlaufenden Furchen angezeichnet, (Fig. 158). Dies sind nicht die Flügel sondern sehr weiche Daunenfedern, die über den Flügelkanten zu liegen scheinen, bzw. diese verstecken. Die Kralle auf dem Ast kann soweit ausgeschnitten werden, wie das gezeigt ist. Zuerst schneidet man mit einem 6 mm Nr. 2 das überflüssige Holz zwischen den Krallen weg, hinunter bis auf die Oberfläche des Astes zwischen den Zehen. Dann rundet man mit demselben Beitel die Krallen zu wurstähnlichen Formen ab. Nun schneidet man die Zehen bei einem Drittel ihrer Länge sorgfältig ein und schnitzt so den dünneren Teil für die Kralle. In Fig. 158 sind zwei der drei Krallen abgeschlossen.

Fig. 159 zeigt den geschnitzten Kragen und die beiden seitlichen Furchen. Man

Fig. 157

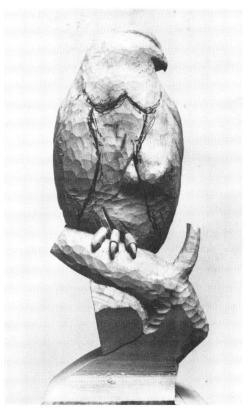

Fig. 158

Fig. 159

Fig. 160

kann die Zehen sehen mit den teilweise mit einem 6 mm Nr. 5 unterschnittenen Krallen. Dieses Unterschneiden muss von beiden Seiten her geschehen, bis Sie in der Mitte durchkommen. Um die Innenseite abzurunden, verwendet man eine Riffelfeile oder eine Nadelfeile. Dann verfeinert man die Aussenoberfläche der Krallen, die sehr zerbrechlich sind.

Nun beginnt die Arbeit am Kopf. In Fig. 160 sind der Schnabel, die anliegenden Federn und die Führungskante für die Augenhöhlen angezeichnet.

Der abgeschlossene Kopf ist in Fig. 161 dargestellt. Die Augenkugeln wurden geschnitzt, indem man sorgfältig ein kleines Hohleisen mit geeigneter Krümmung, in diesem Fall ein 6 mm Nr. 5, dreht. Dies hinterlässt einen kleinen Zylinder, der abgerundet und geglättet wird. Dann schneidet man auf gleiche Weise den kleinen Ring um die Augenkugel und unterschneidet die Augenbraue mit einem 3 mm Nr. 9. Die Furche, die vom Schnabel unter das Auge läuft, wird mit einem V-Eisen geschnitzt. Um sie in der Zone um das Auge auslaufen zu lassen, benutzt man einen 6 mm Nr. 2.

Fig. 161

Um den Schnabel zu formen, schneidet man mit einem 6 mm Nr. 2 zurück gegen die Hautfalte über dem Schnabel und unterschneidet sie, um die Schnabelform schön zu isolieren. Verfeinern Sie den Schnabel, bis er genügend scharf und böse aussieht. Schneiden Sie dann die Wellenlinie, die die obere und untere Hälfte trennt. Nun können Sie die Furchen von unterhalb des Schnabels zu den Seiten des Halses hinab schneiden.

Nur wenn man als Vorlage einen richtigen Falkenkopf nimmt, wird man ein genaues Ergebnis erzielen. Doch ich persönlich empfand den echten Kopf nicht halb so beeindruckend, wie ich erwartet hatte, und ich zog es vor, gewisse Aspekte des Falkens stärker zu betonen, um das kraftvolle Bild, das ich ursprünglich vor Augen hatte, zu schaffen. Solche Entscheidungen sind natürlich dem einzelnen Holzschnitzer freigestellt.

Wenn der Kopf einmal ganz fertig ist, bleiben die Krallen als das andere grosse Detail. In Fig. 162 sind sie fertig, ausgenommen die Schuppen und Ballen. Dort, wo sie die Federn teilen, wurden tiefe Einschnitte gemacht. Die Schuppen werden mit einem 6 mm Nr. 2 ausgeschnitten, indem man bei der Linie jeder

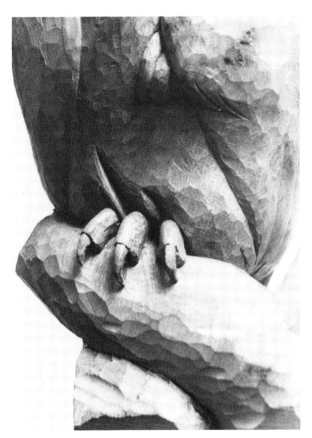

Fig. 162

Fig. 163

Schuppe senkrecht nach unten schneidet und dann zurück gegen den Schnitt schält (Fig. 163). Der Raum zwischen den Ballen wird mit einem 6 mm Nr. 5 freigemacht. Sehr sorgfältiges Unterschneiden ist notwendig, um die Ballen vom Ast abzuheben. Bei der gekrümmten Kralle werden noch mehr Federn hinzugefügt.

Was den Ast anbelangt, müssen wir wieder Entscheidungen treffen. Wenn wir ihn vollständig einem echten Ast nachbilden, fällt er gegenüber dem stark vereinfachten Vogel aus dem Rahmen. Andererseits dachte ich, es brauche einen Kontrast zur feinen Oberfläche des Vogels. Schliesslich entschied ich mich für einen grob geschnitzten Finish, aber das muss trotzdem ganz sorgfältig gemacht werden. Der Ast wird nun vom Vogel getrennt und die Unterseite des Schwanzes mit dem Schnitzwerkzeug fertig gestellt (Fig. 164.)

Für den Finish des Vogels wird die ganze Oberfläche mit frisch geschliffenen, rasiermesserscharfen Hohleisen überarbeitet. Versuchen Sie die Oberfläche so glatt wie möglich hinzukriegen, und reiben Sie sie mit Leinsamenöl ein. Irgendwelche Fehler, Beitelspuren, Risschen etc. werden sich nun zeigen und können verbessert werden. Lassen Sie das Öl ein paar Tage trocknen, reiben Sie das Ganze dann mit feiner Stahlwolle ab und polieren Sie mit Wachs.

Fig. 164

GRÖNLAND GEIERFALKE 119

Fig. 165

Verwendete Werkzeuge:
12 mm Nr. 9 Hohleisen
12 mm Nr. 3 Hohleisen
 6 mm Nr. 9 Hohleisen
 6 mm Nr. 2 Hohleisen
 6 mm Nr. 5 Hohleisen
 3 mm Nr. 9 Hohleisen
 6 mm V-Eisen
 6 mm Macaroni-Werkzeug

Schraubstock
Riffelfeilen

Holz: Bergahorn (200 mm × 200 mm × 460 mm)

Zeitbedarf: 5 Tage

15. Die Raupe

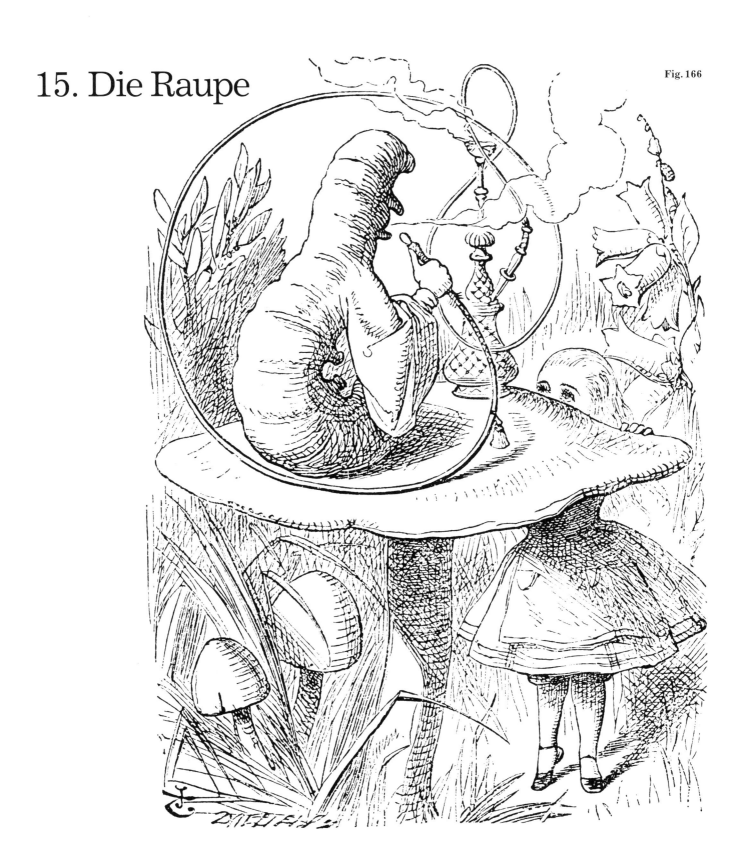

Fig. 166

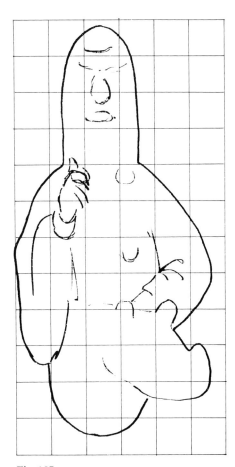

Fig. 167

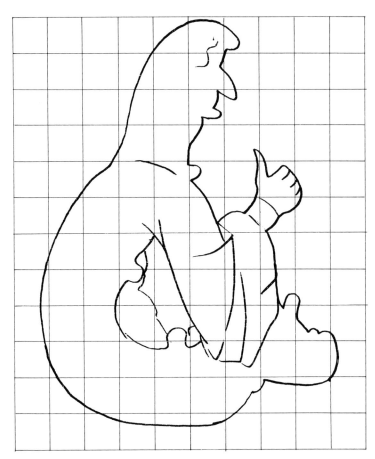

Fig. 168

Dies ist ein ziemlich einfaches Beispiel einer zusammengesetzten Skulptur, das heisst sie ist aus Einzelteilen zusammengebaut, statt aus einem Block gehauen. Es gibt Leute, die diese Methode ablehnen, obwohl sie ihre Tradition hat, während das Schnitzen aus einem grossen Block eher eine Erfindung des zwanzigsten Jahrhunderts ist.

Die Raupe ist eine Figur aus Alice im Wunderland, die auf einem Knollenblätterpilz sitzt und eine Wasserpfeife raucht, die den komischen Bemerkungen der Raupe zufolge wahrscheinlich mit Opium gefüllt ist. Die Raupe ist ein mürrischer, schlechtgelaunter Mann, und da er uns auf der Zeichnung von Tenniel praktisch den Rücken zuwendet, dachte ich, dass das unzufriedene Gesicht eines Drogensüchtigen am passendsten wäre.

Die Raupe ist aus englischem Buchsbaumholz, die Pilze sind aus Walnussholz, und die Basis besteht aus einem Ulmenmaserknorren.

In Fig. 171 wurde der Buchsbaumblock von zwei Seiten her ausgesägt, doch das Abfallstück am Ende des Blockes bleibt vorläufig noch mit dem Hintern verbunden. Eine andere Möglichkeit wäre, die Raupe ganz auszusägen und sie mit einer Schnitzer-Schraube zu befestigen. Das Abfallstück wurde auf einen grösse-

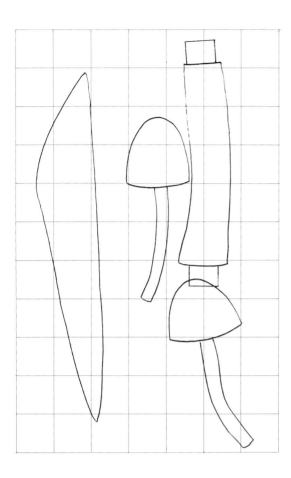

Fig. 169

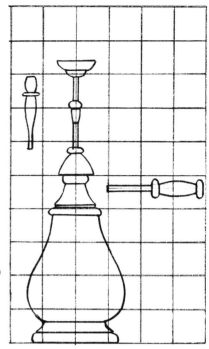

Fig. 170

Fig. 171

Fig. 172

ren Block aufgeschraubt, mit dem es im Schraubstock eingespannt wird.

Auf dem Bild kann man das Schwanzende der Raupe bei der nahen Ecke sehen. Die Abfallzone links davon wird zum Entfernen angezeichnet, ebenso die überflüssige Ausdehnung des linken Armes und das Stück zwischen Arm und Körper. Der Körper liegt diagonal im Block, so dass sich der Abfall auf der rechten Seite vorwiegend gegen den Rücken erstreckt. Das kann man in Fig. 172 auf der linken Seite sehen. Die rechte Seite zeigt den Arm, der die Pfeife hält und das zu entfernende überschüssige Holz dahinter. All das kann mit einem 6

124 TECHNIKEN DES KREATIVEN HOLZSCHNITZENS

Fig. 173

Fig. 174

Fig. 175

Fig. 176

Fig. 177

Fig. 178

mm Nr. 9 und einem 6 mm Nr. 3 geschnitzt werden. Wegen der Härte des Buchsbaumholzes ist es ratsam, kleinere Werkzeuge zu benutzen.

In Fig. 173 wurden diese Abfallzonen weggeschnitten, und die Figur beginnt, an Gestalt zu gewinnen. Die Arme können nun in ihrer wahren Perspektive gesehen werden; die Stellung einiger Beine ist bestimmt, und das Gebiet zwischen den Armen und dem Innenbogen des Körpers ist sichtbar. Das Ausschneiden dieser Zone und das Schnitzen der Beine und der Hand innerhalb dieser Höhlung bereiten bei dieser Figur die grössten Schwierigkeiten. Fig. 174 sollte helfen, die Form des Körpers klar zu erkennen und zeigen, wie man unter den Arm schneidet, um den Abfall zu entfernen. Immer noch mit demselben Beitel kann man das überschüssige Holz in der Höhlung des Körpers von vorne her herausschneiden, aber vergessen Sie die Beine nicht.

In Fig. 175 wurde mit den Beinen begonnen. Schneiden Sie dann von der linken Seite her unter dem Arm durch, wobei Sie sorgfältig die Formen der Beine aussparen (Fig. 176). Danach ist es nötig, die Formen in diesem Teil sorgfältig mit dem Schnitzwerkzeug zu glätten und zu säubern, was ziemlich schwierig ist. Die kleinen Kratz- und Schneideinstrumente des Zahnarztes können bei Harthölzern wie Buchsbaum gut gebraucht und hier in diesem Teil effektiv eingesetzt werden. Das allgemeine Formen des Körpers und der Glieder kann nun fortgesetzt werden (Fig. 177 und Fig. 178). Buchsbaumholz ist meiner Meinung

Fig. 179

nach unvergleichlich für diese Art Arbeit und sollte keine Probleme verursachen. Die Stiche mit dem Schnitzwerkzeug sollten sauber und genau gearbeitet werden und soweit in die Details gehen, wie Sie das wünschen.

Fig. 179 zeigt die rechte Seite mit der linken Hand und dem teilweise geschnitzten Gesicht. Wir kommen nun zu den wirklichen Details und brauchen kleine Werkzeuge, 3 mm Nr. 2 und 3 mm Nr. 5. Selbstverständlich ist Ihre Hand, die den Beitel hält, das beste Modell für die Hand der Raupe, die die Pfeife hält. Die linke Hand ruht auf dem Körper und ist kaum sichtbar. Nur die Oberseite der Hand muss geschnitzt werden, und obwohl sie sich an einer heiklen Stelle befindet, sollte es keine grossen Schwierigkeiten geben.

Fig. 180 zeigt Skizzen der beiden Hände.

Beim Gesicht ist nicht das Schnitzen das Problem, sondern die Entscheidung,

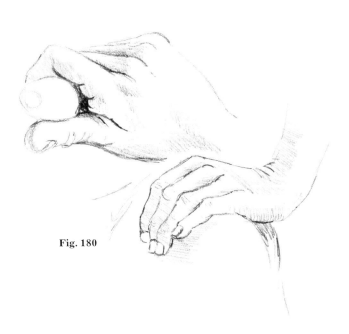

Fig. 180

Fig. 181

Fig. 182

Fig. 183

wie es aussehen soll. Dass diese Skulptur mit dem Gesicht fällt oder steht, ist vielleicht etwas viel gesagt, aber wenn das Gesicht nicht stimmt, dann verliert die ganze Studie ihren Sinn. Die Welt ist jedoch voll von Gesichtern und, obwohl es ein subjektives Urteil ist, gibt es akzeptierte Typen, was Ihnen gewiss jeder Theaterregisseur bestätigen wird. Fig. 181 zeigt, wie ich den im Buch beschriebenen Charakter sehe.

Fig. 182 zeigt die fast fertige Hand und die am Rücken eingeschnittenen Furchen. Ebenso begann ich den Faltenwurf am Arm glatt zu feilen. Fig. 183 zeigt dieses Glätten beinahe abgeschlossen. Riffel-Feilen sind notwendig für diese mühsame Arbeit. Für die Pfeife wurde ein 3 mm weites Loch durch die Hand gebohrt.

Der obere Teil des grossen Pilzes wurde aus Walnussholz zu einem unregelmässigen Kreis ausgesägt und mit einem 12 mm Nr. 5 ausgehöhlt (Fig. 184). Er wurde mit einem Walzenschleifer, der in einer

Fig. 184

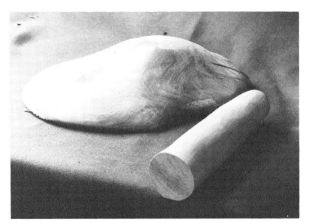

Fig. 185

Sie, falls nötig, einen richtigen Pilz als Vorlage.

Die Wasserpfeife und ihre kleinen Bestandteile (Fig. 187 und 188) wurden ebenfalls aus Buchsholz auf der Drehbank gedreht. In den Teil, der am Wasserbehälter zu befestigen ist, wird ein 3 mm Loch gebohrt, um den Schlauch festzumachen. Für diesen verwendet man Ped-

Fig. 186

Bohrmaschine eingespannt wurde, glattgeschmirgelt. Um den Stiel einsetzen zu können, bohren Sie ein 25 mm Loch in der Mitte. Dann schneiden Sie die vom Zentrum ausgehenden Lamellen. Dies ist eine der seltenen Gelegenheiten, bei der ein V-Eisen ideal ist. Wenn das geschehen ist, drehen Sie den Pilz um, schrauben von unten her einen Block auf das zentrale Loch und beginnen die obere Seite zu formen und zu schmirgeln. Der Stiel ist ein grob geschnitzter, oben spitz zulaufender Zylinder, der auf einer Walze geschmirgelt wurde (Fig. 185). Die Stiele der kleineren Pilze wurden auf die selbe Weise gearbeitet, aber die Hüte wurden auf der Drehbank gedreht (man hätte sie ähnlich dem ersten schnitzen können) und nachher auf der Walze geschmirgelt, um sie auf der Aussenseite weniger symmetrisch zu machen (Fig. 186). Schneiden Sie die bei Pilzen häufig anzutreffenden Risse ein und benutzen

Fig. 187

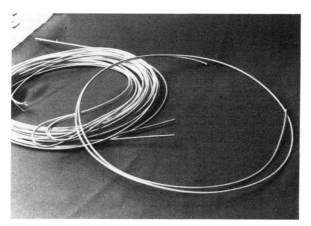

Fig. 188

Fig. 189

digrohr, wie es zum Flechten gebraucht wird und in verschiedenen Grössen in Handarbeitsgeschäften erhältlich ist. Es wird in Wasser aufgeweicht und schliesslich angeklebt.

Nachdem alle Einzelteile geschmirgelt und poliert sind, werden sie zusammengeleimt und auf einem Stück Ulmenmaserknollen, bei dem die Rinde entfernt wurde, in der richtigen Position befestigt (Fig. 189). Die Raupe und die Wasserpfeife müssen auf dem Pilz so aufgestellt werden, dass sie stabil scheinen. Für die Wasserpfeife wurde eine flache Stelle vorgesehen und für die Raupe eine Vertiefung. Um noch mehr Stabilität zu gewinnen, wurde ein Stahldorn eingesetzt.

Verwendete Werkzeuge:
3 mm Nr. 2 Hohleisen
3 mm Nr. 5 Hohleisen
6 mm Nr. 9 Hohleisen
6 mm Nr. 3 Hohleisen

Schraubstock
3 mm Bohrer
Zahnmedizinischer Kratzer
Riffelfeilen
Schleifmittel

Holz: Buchsbaum (Raupe): (75 mm × 150 mm × 115 mm)
Buchsbaum (Wasserpfeife): (115 mm × 39 mm × 39 mm)
(39 mm × 12 mm × 12 mm)
(32 mm × 12 mm × 12 mm)

130 TECHNIKEN DES KREATIVEN HOLZSCHNITZENS

Walnuss (Hut des grossen Pilzes): (230 mm × 230 mm × 50 mm)
Walnuss (Fuss des grossen Pilzes): (180 mm × 50 mm × 50 mm)
Walnuss (Hut des kleinen Pilzes): (130 mm × 50 mm × 50 mm)
Walnuss (Fuss des kleinen Pilzes): (130 mm × 50 mm × 50 mm)

Ulmenknorren (Sockel): (255 mm × 255 mm × 50 mm)

Zeitbedarf: 5 Tage

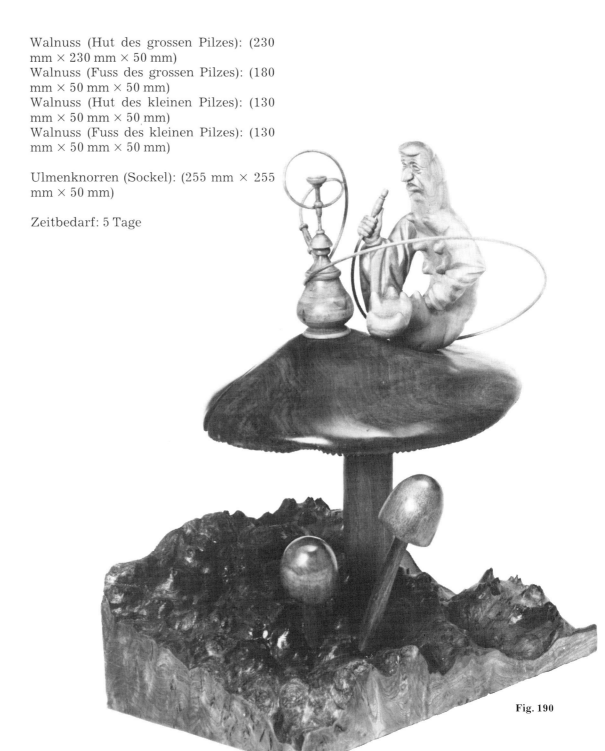

Fig. 190

Persönliche Arbeitsnotizen

16. Pferd

Fig. 191

Das Schnitzen eines Pferdes ist alles andere als ein leichtes Unterfangen. Nur ein eingehendes, sorgfältiges Studium des Tieres in der Vorbereitungsphase wird am Ende zu einem befriedigenden Erfolg führen.

Ein guter Einstieg sind Pferderennen am Fernsehen. Beobachten Sie das elegante, sehr sehnige, in der Sonne glänzende Tier. Dann besuchen Sie ein Rennen, und schauen Sie die grossen, prächtigen Tiere an, warm und schwitzend. Fühlen Sie den Boden unter Ihren Füssen zittern, wenn sie mit 45 km/h an Ihnen vorbeidonnern und grosse Erdschollen aufwerfen. Sehen Sie sich die Ackergäule an, die sich im Winter Kilometer um Kilometer durch die schlammigen Äcker schleppen, und vergleichen Sie sie mit den grossen, sanften Tieren mit ihren samtigen Nüstern und wässerigen Augen, die in den Ställen der Reitschulen untergebracht sind. So werden sie hoffentlich etwas vom Wesen des Pferdes in sich aufnehmen, ohne die Ihre Skulptur zu einem Pferd steht, wie eine Schneiderpuppe zu einem Menschen.

Um etwas Dreidimensionales zu schnitzen, müssen Sie die gesamte Oberfläche kennen. Sie können nicht einfach raten, wie die andere Seite aussieht, und da es unwahrscheinlich ist, dass das

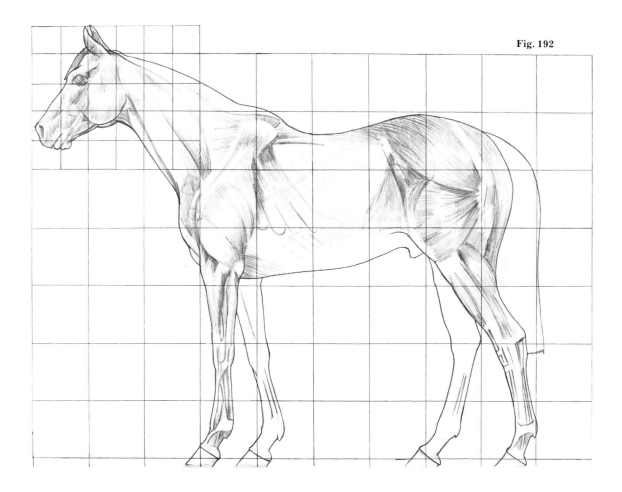

Fig. 192

Fig. 193

Pferd die ganze Zeit stillhält, während Sie einen Holzblock zuschnitzen, ist es wichtig, dass Sie sich ein allgemeines Verständnis des Körperbaus des Tieres aneignen.

Suchen Sie sich zuerst ein bestimmtes Pferd aus. Begutachten Sie es von allen Seiten, vor allem von oben, da Sie mit dieser Seite am wenigsten vertraut sind. Machen Sie sich mit den Proportionen, den Strukturen, den Verhältnissen zwischen den einzelnen Teilen, den Bewegungen der Muskeln, den weichen und den knochigen Teilen vertraut. Zeichnen Sie Ihr Pferd, fotografieren Sie es. Lesen Sie über das Pferd, schauen Sie andere Pferde an, und studieren Sie die Anatomie. Schliesslich müssen Sie entscheiden, was Ihre Skulptur über das Pferd aussagen soll.

Fig. 191 zeigt das ursprüngliche Konzept des Pferdes, das von einer Fotografie von Mill Reef, einem Gestüt, stammt. Jedes Detail auf der Fotografie ist auch auf der Zeichnung. Dies scheint eine rein akademische Übung zu sein und ist es auch, doch nachdem Sie das Pferd gezeichnet haben, werden Sie etwas mehr darüber wissen als zuvor.

Fig. 192 ist eine Kopie der Zeichnung, bei der die Muskulatur des Pferdes gezeichnet wurde. Zeichnen Sie Ihre erste Zeichnung (wie Fig. 191) auf Pauspapier, und legen Sie sie auf die zweite Zeichnung (Fig. 192), so dass die Muskeln durchscheinen. So können sie auch vorgehen für die Vorder- und Hinteransicht und die beiden Seiten. Es sollten Skizzen und Studien von Pferden gemacht werden, von denen Fig. 193 einige Beispiele zeigt. Wenn Sie Ihr Sujet ausgiebig kennengelernt haben, können Sie je nach Wunsch hier ein Detail ein bisschen überspitzen oder dort eine Form etwas mildern.

Das für das abgebildete Pferd verwendete Holz ist brasilianisches Mahagoni, nicht gerade das beste Holz zum Schnitzen, aber, vorausgesetzt die Werkezeuge sind scharf, ist es sicher gut genug. Der benötigte Block mass 457 × 406 × 140 mm und bestand aus zwei 70 mm dicken aufeinandergeleimten Brettern. Diese Verbindung muss perfekt sein und die Maserungen müssen aufeinander passen. Das kann nicht überbetont werden, da die Fuge diagonal über die eine Seite des Kopfes hinunterlaufen wird, wenn der Kopf etwas abgedreht wird. Der Hauptteil der Fuge sollte genau in der Mitte des Pferdes verlaufen und so weitmöglichst versteckt sein. Da mein Pferd den Kopf etwas abgewendet hat, muss der Block 140 mm dick sein, aber wenn der Hals gerade ist, kann diese Dimension auf ungefähr 90 mm reduziert werden, wobei dann unter Umständen das Zusammenleimen zweier Bretter umgangen werden kann.

Faserung und Farbe des Mahagoni machen das Holz sehr geeignet für Skulpturen dieser Art und Grösse, bei denen ziemlich in die Details gegangen wird. Eine ausgeprägte Maserung würde die Form stören und unlesbar machen. Linden-, Birnen-, Buchen- und vielleicht noch Teakholz wären auch geeignet, jedoch bin ich mir bewusst, dass Verfügbarkeit und Kosten oft die wichtigsten Kriterien sind. Bedenken Sie jedoch, dass Sie viele, lange Stunden in das Stück investieren werden, und es wäre schade, wenn am Schluss das Holz nicht schnitzbar oder sonst irgendwie fehlerhaft war.

Sägen Sie den Block aus, doch belassen Sie das Holz zwischen den beiden Hinter- und den beiden Vorderbeinen noch zur Verstärkung (Fig. 194). Nun können die Profile von vorne und von oben auf die Figur aufgezeichnet werden (Fig. 195 und Fig. 196).

Klemmen Sie den Rohling mit einer Schraubzwinge auf der Werkbank fest, schneiden Sie das viele Abfallholz auf den Seiten mit einem 19 mm Nr. 9 weg, und verfeinern Sie die Seiten mit einem 19 mm Nr. 7 (Fig. 197) Danach sollte Ihre

Fig. 194

Fig. 195

Fig. 196

Fig. 197

Fig. 198

Fig. 199

Fig. 200

Figur etwa wie in Fig. 198 und 199 aussehen. Der Abfall auf der Innenseite des Halses und um die Beine wird angezeichnet und teilweise weggeschnitten. Die Skulptur wird jetzt mit den Füssen auf ein Brett geschraubt, welches im Schraubstock eingespannt wird.

Nun müssen Sie die Zeichnungen, Fotografien und lebende Pferde studieren.

Die Skulptur muss abgerundet werden – die feine Kurve des hintern Schenkels, der Bauch, die Muskelpakete und Knochen der Glieder und die mehr verwinkelten Details am Kopf. Es kann nicht genug betont werden, dass Sie die dazu nötigen Angaben nur am Pferd selbst finden können. In diesem Stadium brauche ich einen 12 mm Nr. 9 und einen 19 mm Nr. 5, und wenn die Form schliesslich richtig aussieht, verfeinere ich sie mit flachen Hohleisen, 12 mm Nr. 2. Die Skulptur sieht jetzt wie in Fig. 200 aus. Die Mus-

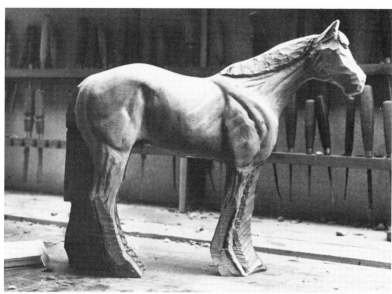

Fig. 201

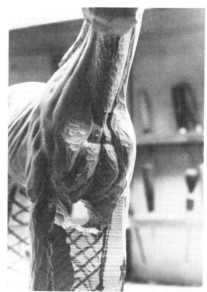

Fig. 202

keln können nun weiter detailliert und Einzelheiten wie Mähne, Augen, Nüstern, Kieferknochen usw. geschnitzt werden. Diese werden mit einem kleinen Hohleisen, 6 mm Nr. 9, oder einem V-Eisen eingeschnitten und verputzt. Schneiden Sie um die Beine, bis das Gewebe zwischen ihnen beinahe durchbrochen ist, ebenso um den Schwanz und unter dem Bauch. Verfeinern Sie bis zu dem Stadium, das in Fig. 201 gezeigt ist.

Bearbeiten Sie nun so weit wie möglich die Vorder- und Hinteransicht und den Bauch (Fig. 202). Dann trennen Sie die Figur vom Brett, spannen Sie sie genügend gepolstert mit den Beinen nach oben im Schraubstock ein, und entfernen Sie den restlichen Abfall zwischen den Beinen. Führen Sie die Details am Bauch und Schwanz aus. Am besten schliessen Sie diese Zonen in diesem Stadium gerade ganz ab, damit Sie das Brett nicht nochmals entfernen müssen. Nachdem man das Pferd wieder auf das Brett geschraubt hat, glättet man die ganze Figur mit Feilen, bis hinunter zu den Füssen, um das Resultat zu sehen (Fig. 203).

Wir kommen jetzt zu den feineren Punkten des Pferdes. Es muss sehr genau gemessen werden, um sicherzustellen,

Fig. 203

dass die Glieder, Hufe, Augen, Ohren etc. gleich gross sind. Bedenken Sie, dass eine Beule oder eine Verzerrung am falschen Ort, die für Sie bloss ein Ausrutscher mit dem Beitel sein mag, für einen Pferdekenner aber wie eine Verkrüppelung aussieht. Obwohl wir nicht versuchen, ein naturgetreues Abbild eines Pferdes zu schnitzen, wäre es ebenso albern, wenn es bucklig oder klumpfüssig wäre.

Das Abschlussstadium der Skulptur ist ein Prozess des Verfeinerns und Abschälens der Muskeln und Knochen, bis ein befriedigender Stand erreicht ist. Besonders viel Aufmerksamkeit sollte man dem Kopf schenken, der jetzt wie in Fig. 204 aussehen sollte. Lesen Sie diesbezüglich das Kapitel «Ponykopf».

Vielleicht möchten Sie Venen, Augenlider und die durch angespannte Sehnen und Muskeln verursachten Unterschiede in der Oberfläche besonders hervorheben, oder Sie ziehen die stilisierte Behandlung der Oberfläche vor. Ich zum Beispiel dachte, dass ich in Anbetracht der grossen, glatt polierten Fläche des Rumpfes einen Kontrast schaffen könnte, indem ich die Haare des Schwanzes und der Mähne mit einem V-Eisen strukturiere. Wenn Sie dies tun, sollten Sie daran denken, die Schnitte mit der Seite des V-Eisens zu beginnen, die gegen die Fasern auf der Abfallseite schneidet, so dass das Holz, welches durch den vorausgegangenen Schnitt geschwächt ist, nicht so sehr beansprucht wird. Nichts sieht schlimmer aus, als Haare, die wegzubröckeln scheinen.

Die letzte Phase der Arbeit ist der Finish. Wenn Sie sich für einen mit dem Schnitzmesser gearbeiteten Finish entscheiden, brauchen sie Werkzeuge mit

Fig. 204

sehr scharfen Schnittkanten und viele verschiedene Hohleisen, um überall eine glatte, saubere Oberfläche zu erhalten. Es ist eine lange, schwierige Aufgabe.

Für einen glattgeschmirgelten Finish braucht man sogar noch länger. Benutzen Sie Qualitätsschleifpapier – vorzugsweise ein Aluminiumoxid. Beginnen Sie mit einer mittleren Körnung auf den grösseren Flächen und mit einer feineren, sagen wir 120er, für die detaillierteren Teile. Selbstverständlich sollten die Details nicht weggeschliffen werden, weshalb die kleinen Riffelfeilen und das gefaltete Schmirgelpapier vorsichtig zu benutzen sind. Selbstklebendes Schmirgelpapier kann auf passend geformte Holzstücke aufgeklebt werden, was sehr nützlich ist.

Wenn Sie glauben, Sie hätten eine fehlerlose Oberfläche gewonnen, ist es ratsam, die Skulptur für ein paar Tage beiseite zu legen. Nach stundenlangem, mühsamem Schleifen, ist man schnell bereit zu sagen, «das ist gut genug», aber wenn etwas Zeit verstrichen ist, wird man diese Entscheidung vielleicht nochmals überdenken. Wenn Sie eine qualifizierte Person dazu bewegen können, ein letztes Mal darüber zu gehen, um so besser. Es ist gut, das Stück in Wasser zu tauchen, um die Fasern aufgehen zu lassen, und es dann nochmals abzureiben. Dies ist wirklich wichtig, wenn Sie das Holz beizen wollen.

Ich beize mein Pferd mit einer bräunlichen Mahagoni-Alkoholbeize, und während es noch nass war, schwärzte ich leicht die Beine, Mähne und Nase, was für einen Braunen typisch ist. Dann versah ich ihn mit zwei Schichten braunem Schellack-Versiegler, die ich wieder sorgfältig schmirgelte. Dann folgten mehrere Schichten Wachspolitur. Das Schmirgeln und Polieren beanspruchte etwa drei volle Arbeitstage. Trotzdem kann man nach all dem Säubern noch einzelne Schnittspuren und Faserspänchen sehen, die fehlen, was wirklich sehr ärgerlich, aber unmöglich zu korrigieren ist, ohne die ganze Beize zu ruinieren.

Das fertige Pferd wurde durch die Hufe auf einen Eichenblock (Quercus macrocarpa) geschraubt, den ich ungebeizt liess und nur mit Wachs polierte (Fig. 205).

Verwendete Werkzeuge:

19 mm Nr. 9 Hohleisen	3 mm Nr. 2 Hohleisen
19 mm Nr. 7 Hohleisen	3 mm Nr. 9 Hohleisen
12 mm Nr. 9 Hohleisen	6 mm Nr. 3 Hohleisen
19 mm Nr. 5 Hohleisen	6 mm Nr. 9 Hohleisen
12 mm Nr. 2 Hohleisen	3 mm V-Eisen
6 mm Nr. 2 Hohleisen	

Schraubstock
Feilen
Riffelfeilen
Schleifmittel
Tiefspanner und Schraubzwinge
Ukibori-Punzen

Holz: Mahagoni (460 mm x 400 mm x 140 mm)

Zeitbedarf: 7 Tage

140 TECHNIKEN DES KREATIVEN HOLZSCHNITZENS

Fig. 205

Persönliche Arbeitsnotizen

17. Falstaff

Fig. 206

Nichts hat mehr Kunstwerke aller Art inspiriert als Menschenformen und Charaktere, und keine sind faszinierender als die von Shakespeare geschaffenen Charaktere.

Es gibt keine definitiven Illustrationen zu Shakespeares Charakteren, aber durch das eingehende Studium einer bestimmten Figur wird sich bald ein Bild ergeben. Sir John Falstaff ist eines der lebendigsten Porträts und zu recht eines der populärsten. Über sein Äusseres gibt es nur wenige Hinweise: Er ist gross und dick, alt und hat einen weissen Bart. Seine Charaktereigenschaften jedoch sind klar beschrieben: Er isst und trinkt im Übermass, lügt, betrügt und stiehlt und hat eine Schwäche für Frauen. Seine Feigheit rechtfertigt er damit, dass Heldentaten den Einsatz nicht wert seien. Trotz dieser schlechten Gewohnheiten wird er eher als alter Lüstling denn als Krimineller gesehen.

Ich glaube nicht, dass das Kostüm wichtig ist. Shakespeares Stücke sind in dieser Beziehung häufig nicht zeitge-

Fig. 207

Fig. 208

bunden, und sie wurden in allen möglichen Arten von Kostümen aufgeführt. Falstaff kann innerhalb der erwähnten Grenzen wirklich alles sein.

Mein erster Schritt zum Schnitzen einer imaginären Figur ist das Suchen nach einer wirklichen, die als Modell dient. Dazu bot ich einen Freund auf, schob ihm ein paar Polster unter die Kleidung, zog ihm eine alte Lederjacke mit Gürtel und ein Paar Stiefel an. Die ersten Zeichnungen dienten dazu, die gewünschte Pose festzuhalten. Das Gesicht ist frei gestaltet, ebenso der Hut und der Umhang, obwohl der Faltenwurf der Kleider von Mustern des entsprechenden Stoffes stammt.

Als nächstes wird die Entwurfsskizze in eine genaue Arbeitszeichnung mit Front- und Seitenansicht übersetzt. Diese Zeichnung muss nicht in jedem Detail vollständig sein, aber sie ist der Grundplan für Ihre Skulptur. Sie wird auf die Holzoberflächen übertragen und mit der Bandsäge ausgesägt. Alle Ab- und Umänderungen müssen im Rahmen dieses Planes bleiben. Ein ausgezeichnetes Holz für dieses Projekt ist Lindenholz. Es ist sehr geeignet zum Schnitzen von Details und ist einfach und in vernünftigen Grössen erhältlich. Die Farbe spielt in diesem Fall keine Rolle, da ich beabsichtige, das Holz zu einem antiken Goldbraun zu beizen. Ich kann Falstaff nicht als etwas Neues und Sauberes sehen – er muss etwas Altes an sich haben.

Mein Block hatte die Masse 200 × 250 × 380 mm und war Teil eines Balkens, der vor zwölf Jahren gesägt wurde und etwa vier Jahre in meinem Arbeitsraum lag. Er blieb praktisch fehlerlos, obwohl der Kern darin verläuft. Ich musste noch je ein zusätzliches Stück für einen halben Arm und einen Fuss anleimen, doch das konnte auf später verschoben werden.

Nachdem die Profile mit Durchschlagpapier auf den Block durchgepaust wurden, wird der Block von beiden Seiten ausgesägt und fest auf die Tischoberfläche geschraubt. Das Stück sieht jetzt wie in Fig. 209 aus. Die Hauptlinien werden mit Filzstift aufs Holz gezeichnet und die grossen Abfallstücke zum Entfernen schraffiert. Ich glaube, es ist sehr wichtig, die Figur sorgfältig zu studieren und sich die Form und die Position der zu entfernenden Holzteile genau einzuprägen. Versuchen Sie, sie sich als Teil einer Mörtelgussform um ein Gusseisen vorzustellen. Wenn Sie dieses Bild vor Augen haben, nehmen Sie das grösste geeignete Werkzeug, und entfernen Sie das über-

Fig. 209

Fig. 210

Fig. 211

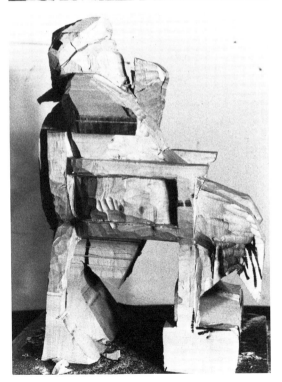

Fig. 212

flüssige Holz so effizient wie möglich. Es ist sinnlos, am Block herumzuschnitzeln in der Hoffnung, dass einmal die rechte Form erscheinen wird. Sie müssen wissen, wo die Form ist und sie dann freilegen. Man kann sich dieses Wissen nur durch ständiges Studium der Zeichnungen und Menschen aneignen. Räumliche Relationen sind fast unmöglich zu begreifen, wenn man nicht etwas Konkretes hat, worauf man sich beziehen kann.

In Fig. 210 und 211 wird der Abfall zwischen den Beinen, zwischen den Armlehnen und an der rechten Hand entfernt. Nun wird der Überschuss am Hinterkopf um die Federn, die Form des Mantels auf dem Stuhlrücken und die allgemeine Form des Stuhlrahmens angezeichnet.

Fig. 212 zeigt all dies ausgeschnitten, und nun kann mit dem detaillierten Gestalten der Formen begonnen werden. Das ist ziemlich einfach, wenn man die Hauptzonen genau plaziert hat. Sie sollten bald soweit sein wie in Fig. 213.

An diesem Punkt fange ich an, detaillierte Züge zu schnitzen, und ich beginne mit dem Kopf, weil ich vom Kopf leicht auf die anderen Körperteile folgern kann und ihn so als Massstab brauche. Der Kopf muss detailliert und voller Charakter und Leben sein. Die Haarlinien habe ich mit einem 3 mm Nr. 11 geschnitten. Zum Ausbohren der Augen half mir ein gerader Zahnfräser (1,5 mm) auf der Biegewelle. Dann folgte die linke Hand, wobei meine eigene linke Hand als Vorlage diente (Fig. 214).

Zeichnen Sie grobe Skizzen, um in jeder Phase die Details genau festzulegen, wie zum Beispiel in Fig. 215.

Schnitzen Sie dem linken Ärmel entlang auf den Mantel hinab und nach hinten (Fig. 216). Ich benutzte eine Lederjacke als Vorlage für den Ärmel und ein Baumwolltischtuch für den Umhang. Ich hoffe, dass sich etwas von der Art der verschiedenen Materialien in der Skulptur wiederfindet. Nach dem Umhang können die Vorderseite des Körpers und die Beine vervollständigt werden. Gleichzeitig kann auch der Stuhl fertiggearbeitet werden. Feilen und schmirgeln Sie die Skulptur Teil für Teil, sobald ein Teil jeweils abgeschlossen wird, damit Sie sehen, wie die fertige Skulptur sein wird.

Benutzen Sie die Fräser bei schwierigem Unterschneiden, für zarte Teile, die mit dem Hohleisen leicht zerbrochen würden, und für die Spitzen am Kragen.

Wenn die Figur bis hinunter zum linken Fuss abgeschlossen ist, kann der Block für das rechte Bein angeleimt werden. Das ist immer eine heikle Angelegenheit, und ich war in dieser Beziehung mit meiner Skulptur nicht zufrieden. Als sie am Schluss eingeölt wurde, sah man bei der Leimstelle eine offensichtliche Verfärbung, was daher

Fig. 214

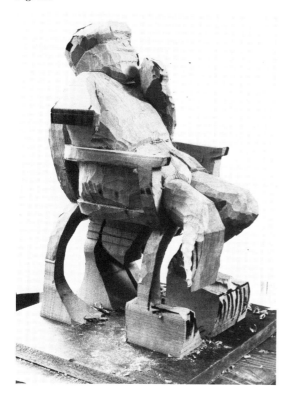

Fig. 213

kommt, dass der Polyvinylalkohol-PVA-Klebstoff in die Oberflächen eingedrungen ist. Das kann durch den Gebrauch von Epoxydharz vermieden werden. Die Leimstelle am Arm wurde viel besser.

Das Schnitzen des Beines bietet keine Probleme. Machen Sie die Falten in den Lederstiefeln ums Knie und um den Knöchel so tief und eng wie möglich – verflachendes Schnitzen ist nie sehr zufriedenstellend. Um die Belastung beim Bearbeiten des ausgestreckten Beines möglichst gering zu halten, sollten Sie von den Zehen her aufwärts arbeiten, damit der obere Teil so lange wie möglich stark bleibt (Fig. 217).

Nun schnitzen Sie den Stuhl mit einfachen Abspanschnitten, um die Oberfläche interessanter zu gestalten. Dies wird

Fig. 215

Fig. 216

am besten gemacht, bevor man den Arm anleimt, da dieser sonst nur ein Hindernis ist. Aus dem selben Grund hätte man auch mit dem Anleimen des Beines noch zuwarten können.

Die Hutfedern (Fig. 218) sind nicht einfach, und Sie werden sehen, dass das Unterschneiden selbst mit Hilfe eines Fräsers sehr schwierig ist. Es wäre wahrscheinlich erfolgreicher, wenn die Federn getrennt geschnitzt und nachher angeleimt würden. Ähnliches gilt auch für den Bierkrug in der rechten Hand: Dieser könnte einfach auf der Drehbank gedreht, der Griff angeleimt und das ganze in eine passend geschnitzte Hand eingefügt werden. Es geht eher ums Aesthetische als um richtig oder falsch. Man sieht

Fig. 217

Fig. 218

es einem gedrehten und nachträglich angefügten Bierkrug an, und falls er das einzige zugefügte Stück ist, finde ich, passt er nicht gut zur Skulptur. Wenn Falstaff andererseits auch einen separat gemachten Degen, Dolch, Sporen und gedrehte Knöpfe hätte, würden die wohl zusammenpassen, aber die Skulptur als Ganzes hätte dann eine völlig andere visuelle Wirkung.

Der rechte Arm wurde zuerst bis zum Ende des Stumpfes geschnitzt, bevor das Stück für den Unterarm angeleimt wurde. Dieser wurde gedübelt und mit Epoxidharz angeklebt, da es beinahe unmöglich war, ihn anders als von Hand anzupressen. Der Arm musste bei den härteren Schnitten gestützt werden, was man (Fig. 219) mit der Hand machen kann. Zweifellos ist das eine gefährliche Methode, und nur erfahrene Holzschnitzer sollten sie anwenden. Ein dicker Lederhandschuh bietet einen gewissen Schutz, aber die starke Einschränkung

Fig. 219

des Tastsinns führt zu mangelnder Kontrolle. Es gibt keinen Ersatz für Erfahrung und Konzentration.

Das Buch unter dem ausgestreckten Fuss wurde separat gearbeitet und gibt der ganzen Skulptur den Namen. Ein altes ledergebundenes Buch wurde als Vorlage benutzt. Wenn man ein solches Buch genau betrachtet, wird man sehen, dass die Seiten sich in die einzelnen Bünde zu teilen neigen (Fig. 220). Der Druck des Fusses würde diese Aufteilung wahrscheinlich zusammenpressen, aber es ist das Vorrecht des Holzschnitzers, solche Details zu ignorieren, wenn er will. Die Einteilung der Seiten wurde mit einem V-Eisen vorgenommen, und die Spalten an den Ecken wurden mit einer Laubsäge ausgesägt. Beachten Sie den Spalt zwischen dem Buchrücken und dem Kapitel-

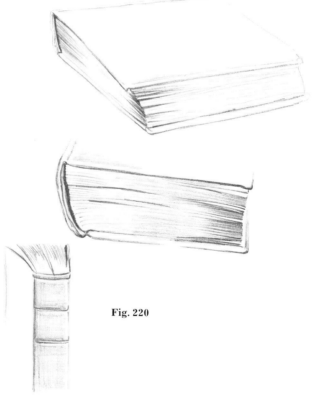

Fig. 220

band. Der Titel der Skulptur wird mit einem V-Eisen in den Buchdeckel geschnitzt.

Das Ganze wird auf einen Block brauner Eiche montiert, der so geschnitzt ist, dass er einem Fliesenboden gleicht. Schliesslich wird alles geschwärzt und eingeölt (Fig. 221).

Wer etwas macht, kennt auch alle seine Fehler. Ich bin gewiss nie hundertprozentig zufrieden mit einer Skulptur, und Falstaff ist keine Ausnahme. Aber ich glaube, ich habe etwas vom Charakter eingefangen, den ich vor Augen hatte – einen ausschweifenden, wollüstigen, alten Mann, der einem Kumpel in der Kneipe irgendeine obszöne Heldentat von zweifelhafter Echtheit erzählt. Wenn sich einem Betrachter etwas davon mitteilt, war die Skulptur die Mühe wert.

Es ist schwierig, die Befriedigung zu definieren, die man beim Schaffen eines Gegenstandes – ich vermeide den Ausdruck «Kunstwerk», weil es nicht eines zu sein braucht – gewinnt. Aber ich glaube, dass schon die Auseinandersetzung mit den Problemen des Holzschnitzens und gewisse Teilerfolge einen Sinn ergeben, obwohl natürlich der Beifall eines qualifizierten Publikums sehr positive Wirkung hat. Objektive Kritik ist selten unter Freunden, weshalb es weise ist, die Meinung anderer zu hören, die etwas von der Materie verstehen. Sie wird sehr wertvoll für Ihre Arbeit sein.

Vor allem arbeiten Sie jede Skulptur so, als ob die Welt Sie nur nach dieser einen Skulptur beurteilen würde. Sie können sicher sein, dass Ihre Anstrengungen nicht unbemerkt bleiben werden.

Verwendete Werkzeuge:
3 mm Nr. 9 Hohleisen
12 mm Nr. 9 Hohleisen
6 mm Nr. 9 Hohleisen
12 mm Nr. 2 Hohleisen
3 mm Nr. 2 Hohleisen
3 mm Nr. 11 Hohleisen
6 mm V-Eisen

Biegewellenantrieb mit Fräsköpfen
Riffelfeilen
Schleifmittel
Laubsäge

Holz: Linde (200 mm × 250 mm × 380 mm)
Braune Eiche (380 mm × 300 mm × 50 mm)

Zeitbedarf: 15 Tage

Fig. 221

Bibliographie

THE CARVER'S COMPANION	P. Martin	*A. & C. Black*	*1958*
WOODCARVING	P. Hasluck, Editor	*Cassell & Co.*	*1958*
CARVING & DESIGN	L. Miller	*Pitman*	*1936*
SCULPTURE IN WOOD	P. E. Norman	*Studio*	*1954*
A MANUAL OF WOODCARVING	W. Bemrose	*Bemrose & Son*	*1906*
LIMEWOOD CARVERS OF RENAISSANCE GERMANY	M. Baxandall	*Yale University*	*1980*
DECORATIVE WOODWORK	Grimwood & Goodyear	*University of London*	*1936*
LIVING ANATOMY	R. D. Lockhart	*Faber & Faber*	*1949*
PRACTICAL WOODCARVING	E. Rowe	*Batsford*	*1930*
PRACTICAL WOODCARVING & GILDING	W. Wheeler & C. Hayward	*Evans Bros.*	*1973*
WOODCARVING	C. G. Leland	*Pitman*	*1931*
WHITTLING & WOODCARVING	E. J. Tangerman	*McGraw-Hill*	*1936*
CONCISE HISTORY OF MODERN SCULPTURE	H. Read	*Thames & Hudson*	*1971*
HERALDIC SCULPTURE	J. Woodford	*Benham*	*1973*
ENKU	G. F. Dotzenko	*Kodansha International*	*1976*
MASTERS OF WOOD SCULPTURE	N. Roukes	*Pitman*	*1980*
THE ART OF NETSUKE CARVING	Masatoshi, Bushell	*Kodansha International*	*1981*
GRINLING GIBBONS	H. Avray Tipping	*Country Life*	*1914*

Sachregister

Fett gedruckte Zahlen beziehen sich auf Abbildungen und deren Nummern

Abschrägung, 26, 33
Abstraktion, 12, 41, 51
Abziehriemen, **19**, 31, 32, 34
Aexte, 23
Ahorn, 16
Ahornblättrige Platane, 19
Allergie, 19
Alte Werkzeuge, 26
Apfel, 16, 18
Arkansasstein, **18**, 31
Aufstellen, 35 - 37
Augen, 59, 65 - 68, **78 - 81, 98**, 116, **161, 215**
Ausstattung, 21 - 30

Bandsägen, 27, **30, 31, 32**, 43, 44, 53, **57, 58**
Beitel und Hohleisen, **9, 10**, 24, 25
Beizen, 15, 36, 60, 139
Bergahorn, 16, 37, 107 - 119
Bezugsmaterial (siehe Sujetstudien)
Biegsame Welle, **15**, 21, 29, 86, 146
Birke, 16
Birnbaum, 16, 18, 135
Bohrer, 24
Breitbeil, 23
Bubingagriffe, 24
Buche, 16, 135
Buchengriff, 24
Buchsbaumholz, 16, 121 - 130
Buchsbaumgriffe, 24

Drehbank, 87, **115**, 128, 129, **187**

Eibe, 16, 58 - 60
Eiche, 17, 37
Eiche braun, 72 - 79
Englisches Walnuss, 81 - 88, 121 - 130
Esche, 17
Eschengriff, **9**, 24

Falstaff, 142 - 153
Farbe, 36

Feilen, **12**, 24, 28, 93, 103, 115, 127
Finish, 35 - 37
Föhre, 17, 40 - 48
Fräsköpfe, **14, 15**, 24, 29, 86, 87, 100, 103, 146, 147
Fügen, **1,** 14-15, 135, 145, 147, 149, 150

Gesundheitsschäden: Allergie, 19
        Fingerverletzungen, 150
        Schutzbrille, 17
        Sehnenschäden, 44
Goldregen, 17
Griffe: Formen, 24 - 25
        Typen, 24
Grinling Gibbons, 13, 18
Grönland Geierfalken, 37, 107 - 119, **144 - 165**
Guajakholz, 17

Haar, 69, 78, **85**
Hagedorn, 17
Hände, 87, **114**, 126, **180**
Harlekin, 37, 81 - 88, **102 - 115**
Heraldik, 99
Hohleisen, **9, 10**, 23 - 25
Hohleisen schärfen, 31 - 34
Hohlrapsel, **12**, 28
Holz: Arten zum Schnitzen, 16 - 20
      Schrumpfen, 15
      Wiederverwertetes Holz, 14
Holzfehler, 112 - 113
Holzhammer, **11**, 26, 27, 44
Hydraulische Klammer, **2**, 21, 23

Jelutong, 18

Kaliumbichromat, 60
Kastanien, 18
Kirschbaum, 18
Klebstoff, 147, 150
Klingen: Eigenschaften von, 26
        Meissel und Hohleisen, **9, 10,** 24
Krallen, 117, **162, 163**

Krokuspulver, 34
Kröte, 37, 56 - 61, **60 - 71**

Laubsäge, 27
Linde, 18, 36, 63 - 70, 90 - 95, 135,
142 - 153

Mahagoni, 18, 132 - 140
Mahagonigriffe, 24
Macaronieisen, 113
Marmor, 37
Maserung, 15 - 16, **34,** 41
Mechanikerschraubstock, 22
Mehlpapier, 35, 36
Meissel, **9, 10,** 23 - 25
Meissel schärfen, 31 - 34
Messer, **16,** 23, 30, 87, 93
Messinstrumente, **17,** 30
Möbelpolitur, 35, 36

Netsuke, 58

Obsthölzer, 18
Öl für den Finish, 36
Ölsteine, **18,** 21, 31 - 33
Olivenholz, 19

Paduk, 19
Palisander, 37, 97 - 105
Pappel, 19
Peddigrohr, 129, **188**
Pferd, 37, 132 - 140, **191 - 205**
Pferdekopf, 72 - 79, **87 - 101**
Plan, 41 - 42
Platane, 19
Politur: Möbelpolitur, 35, 36
Polyurethanlack, 35 - 36
Wachspolitur, 35
Ponykopf 72 - 79, **87 - 101**
Porträt, 63 - 70, **72 - 86**
Punzen **13,** 29, 60, 68 - 71

Raspeln, 12, 24, 28
Raupe, 37, 121 - 130, **166 - 190**
Riffelfeilen, 12, 28, 93, 115, 127
Rosenholz, 19
Rosenholzgriffe, 24

Säge, 24, 104
Sehnenschäden, 44

Schaber, 24, 103
Schärfen: **18 - 25,** 31 - 34

Maschine zum Schärfen,
2, 25, 34
Schärfen von V-Eisen, **23,** 33
Schell-Lack, 35
Schiebelehre, **17,** 30
Schleifer, 23
Schleifmittel: Schleifpapier, 35, 36, 139
Stahlwolle, 35
Schleifpapier, 139
Schleifstein, **18,** 31, 32, 33
Schmirgelwerkzeuge (siehe
Schleifmittel)
Schnabel, 116, **161**
Schnitzerschraube, 23, **6,** 21, 22, 122
Schnitzwerkzeuge, **9, 10,** 23, 24
Schraubstöcke: Mechanikerschraub-
stock, 22
Schmiedeschraubstock,
21, 22
Schraubzwinge, **8,** 23, 136
Schrumpfung, 15
Schwarzer Stier, 37, 97 - 105, **128 - 143**

Stachelrochen, 37, 50 - 54, **48 - 59**
Stahlwolle, 35
Stechpalme, 19
Steine: Arkansasstein, **18,** 31
Ölstein, **18,** 21, 31 - 33
Schleifstein, **18,** 31, 33
Wasserstein, 31
Stellschraubzirkel, **17,** 30
Stilleben, 37, 90 - 95, **116 - 127**
Sujetstudien, 12, 42, 111, 126, 133, 134,
143 - 147, **192, 193, 215**

Tasterzirkel, **17,** 30
Teak, 19, 135
Tiefspanner, **7,** 21, 136, **197**
Torso, **26 - 47,** 37, 40 - 48, 86
Tulpenbaum, 19

Ukibori, 58 - 60, **60 - 71**
Ukibori-Punzen, **13,** 29, 59, 60, 68 - 71
Ulme, 19
Ulmenknorren, 122, **189**
Unterschneiden, 29, **41, 42,** 47,
103, 115, 147

Verlaufen des Sägeblattes, 100
Versiegeln, 35

Wachspolitur, 35
Walnuss, 20

Walzenschleifer, 53, 128
Wasserstein, 31
Weichhölzer, 20
Werkbank, **2,** 21
Werkzeuge zum Schnitzen, 23 - 25

Zahnärztliche Instrumente, **16,** 30, 125
Zeder, 20
Zeichnen des Sujets (siehe Sujets-Studie)
Zeichnung, 42 - 43
Zusammenfügen (siehe Fügen)
Zusammensetzen, 121 - 130, 145
Zwetschgenholz, 20, 42

INCA Präzisions-Bandsägen für Holzschnitzer

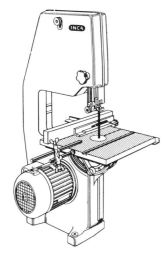

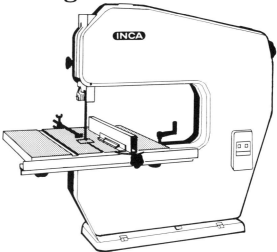

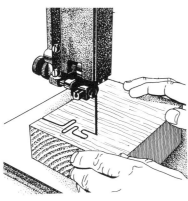

Die INCA expert 500 ist robust gebaut und perfekt bis ins Detail. Sie eignet sich gut für grössere Schnitzobjekte. Zum Ausschneiden von Konturen mit engen Radien kann ein 3 mm Band aufgelegt werden. Die Tischgrösse lässt sich verdoppeln.
Tischgrösse 520 × 520 mm. Mit Tischvergrösserung 1000 × 520 mm. Der Tisch kann bis 45° geneigt werden. Schnitthöhe 203 mm. Durchlass 505 mm. 3 dynamisch ausgewuchtete Rollen. 3 Schnittgeschwindigkeiten 5, 10 und 15 m/min. Angebauter Motor wahlweise in Drehstrom 380 V 1,5 PS oder Wechselstrom 220 V 1 PS mit Schalter und Kabel.

Verlangen Sie ausführliche Unterlagen bei:

INCA Maschinen und Apparate AG
Postfach
CH-5723 Teufenthal (Schweiz)
Tel. 064 464141 / Fax 064 463990

BMO Industrie Anlagebau GmbH
Bahnhofstrasse 41
6200 Wiesbaden
Tel. 0611 309041 / Fax 0611 307247

Helmut Huemer
A-4792 Münzkirchen
Tel. 07716 - 6484 / Fax 0043 7716 262

Die INCA euro 260 ist eine der meistverkauften Bandsägen in Europa. Sie ist sehr gut geeignet zum Ausschneiden von Konturen mit sehr engen Radien. Von vielen Holzschnitzern sehr geschätzt.
Tischgrösse 320 × 320 mm. Der Tisch kann bis 45° geneigt werden. Schnitthöhe 155 mm. Durchlass 260 mm. Dynamisch ausgewuchtete Rollen. Umdrehung der Antriebsrolle 1000 U/min. Angebauter Motor wahlweise in Drehstrom 380 V 0,75 PS oder Wechselstrom 220 V 0,6 PS mit Schalter und Kabel.
Interessantes Zubehör. 3 Jahre Garantie.

Alles zum kreativen Holzschnitzen

DUGCO Präzisions-Hobelbank Major, besonders für Schnitzer geeignet

Dieses Buch entstand, weil viele unserer Kunden, die das Buch in englischer Original-Version gesehen hatten, spontan eine deutsche Übersetzung anregten.

Als spezialisierte Firma im Dienste des ernsthaften Amateur-Schnitzers und Profis führen wir für Sie in unserem Versand-Angebot

- mehr als 200 Schnitzwerkzeuge in handgeschmiedeter, alt englischer Qualität
- Besondere Nass-Schleifmaschine für Schnitzer, Schleifsteine und Lederriemen zum messerscharfen Schleifen der Schnitzwerkzeuge
- Über 50 Bücher zum Thema Schnitzen aus aller Welt
- Über 10 verschiedene Hobelbänke und Einspannvorrichtungen für Schnitzer
- Schnitzerfeilen für Oberflächenbearbeitung und Mittel zur Oberflächenbehandlung wie Wachs, Bienenwachs, Dänisches Öl und Bio-Farbe
- Bandsägen und Drechselbänke mit allem Zubehör
- Mehrjährig abgelagertes Holz wie Kirschbaum, Eiche, Eibe, Ulme, Linde, Nussbaum (englischer und afrikanischer), sowie tropische Holzarten wie Afromosia, Brasilia Mahagoni, Afrika-Mahagoni, Teak, Macore usw. Unsere Rohlinge sind sorgfältig rund ausgesägt aus selektioniertem Holz, mehrjährig getrocknet und mit einer Wachsschicht gegen Risse infolge Feuchtigkeitsschwankungen versiegelt.

In Beinwil am See führen wir mit anerkannten Fachleuten Seminarien und Kurse durch zum Thema Schärfen von Schnitzwerkzeugen, Schnitzen und Drechseln von Schalen und Schüsseln. **Wir senden Ihnen gerne unsern Versandkatalog** oder erwarten Sie am schönen Hallwilersee.

DUGCO Hobelbank AG
Aarauerstrasse 243 (beim Bahnhof)
5712 Beinwil am Hallwilersee, Schweiz

Geöffnet Dienstag bis Freitag von 09.00-12.00 und 14.00-18.00.
Samstags durchgehend 08.30-16.00.
Tel. 064/71 77 50

Friedrich Frutschi
Holzschnitzen und Holzbildhauen
Eine gründliche Einführung in Technik und Material für Laien und Künstler – mit vielen praktischen Beispielen und Anregungen.
4., unveränderte Auflage. 168 Seiten, 185 Abbildungen und 3 Zeichnungen, Pappband, Fr. 32.–/DM 35.–

Diese reich bebilderte Wegleitung, rund um den Werkstoff Holz, reicht von den ersten elementaren Kenntnissen im Schnitzen, Modellieren und Formen, bis zur letzten Vollendung künstlerischer Holzverarbeitung. Das Buch darf als Standardwerk auf diesem Gebiet bezeichnet werden.

Christian Widmer
35 Holzmuster- Echantillons de bois
19. Auflage, 9 Seiten mit 35 aufgeklebten Hölzern, Faltbroschüre, Fr. 25.–/DM 30.–

Das Werk ist nach drei Hauptgruppen geordnet: Nadelhölzer, Laubhölzer und exotische Laubhölzer. Die Faltbroschüre enthält die wichtigsten einheimischen und fremdländischen Handelshölzer in Naturholzmustern. Die Broschüre ist mit deutsch-französischen Legenden versehen.

Hrsg. Schweizerischer Verein für Handarbeit und Schulreform
Holzarbeiten
Schweizer Programme für den Unterricht in Handarbeiten (zweisprachig deutsch-französisch).
5. Auflage. Theoretischer Teil: 58 Seiten, 88 Abbildungen; praktischer Teil: 39 Seiten, 45 Abbildungen, kart., zusammen Fr. 47.–/ DM 56.–

PD Dr. Fritz H. Schweingruber
Der Jahrring
Standort, Methodik, Zeit und Klima in der Dendrochronologie.
234 Seiten, 317 Zeichnungen, 283 Abbildungen, Pappband, Fr. 105.–/DM 125.–

Der Autor legt die ganze Breite des Fachgebietes Dendrochronologie dar. Fachspezifische Fragen aus dem Bereich der Standortskunde, der Oekologie, Holzanatomie, Technik und Statistik kommen ebenso zur Sprache, wie Fragen aus der Archäologie, Gletscherkunde, Vulkanologie, Isotopenphysik und den Forst- und Umweltwissenschaften.

VERLAG PAUL HAUPT BERN UND STUTTGART